Trayectos y otras Travesías

Trayectos y OTRAS Travesías

Adrián Martínez • Ady Zamora • Águeda Cortés Treviño
Alejandra Cantú Bustamante • Alejandra Sagástegui Roel
Alice Rodríguez • Alicia Rodríguez • Alma Nury Jiménez Vázquez
Amparo Cantú • Anett Cázares • Ángel Gomezgil Kuri
Ángela Domínguez • Araceli Tapia Heredia • Azúl Chapa
Bea Janet • Bertha Villarreal Rodríguez • Celina Gutiérrez
Celina Menchaca T. • Conny González • Coqui Salazar
Evelyn Castillo Matoso • Florentina Sánchez • Gabriela Chapa
Gloria Cavazos • Isabel González Centeno • Isla Gabriela
Kristela Blanco • Lidia Villarreal • LIL Tale • Liliana Robles
Lizzeth Galván • Lourdes Treviño • Lucila García de la Garza
Lupita Iruegas • Luz Rodríguez • Magaly González
Marcela De León • María Boer • Maru Gracia • Maru Molina E.
Mauricio Martínez • Mauricio Sánchez • Mayela Sepúlveda
Mónica C. Rodríguez Zorrilla • Mónica Espinosa • Mónica Ibarra
Mónica Medellín • Mónica Pfeiffer • Mónica Sagástegui Roel
Myrna MG • Nilsa María Becerril Méndez • Norma Ortiz
Paola Díaz • Pato Lizárraga • Patricia Rodríguez Cienfuegos
Pedro Gómez Elizondo • Perla Alarcón Villaseñor
Romina Gacioppo • Rosa María Hernández Ochoa
Silvia Maldonado • Sofía Fernández
Verónica Lugo • Yvana Garza Cantú

Dirección del Laboratorio de Escritura Terapéutica
Isabel María Centeno Sánchez

Servicios editoriales
FAGSA división Editores:
La Tinta en el Espejo
REA Comunicación
Editorial Font

Coordinación Editorial:
Luz Alicia Rodríguez Cienfuegos

Corrección ortotipográfica:
Ricardo Espinosa Villarreal

Ilustración:
Anet Flores Herrera

Portada:
Juan Ángel Castañeda

Diagramación:
Mónica Espinosa Villarreal

Informes:
escribe@saludnarrativa.com

Siguenos en nuestras redes sociales:
Facebook: Travesías de tinta
Instagram:@travesiasdetinta
Twitter: @travesiasdetin1

Travesías de Tinta es una organización sin fines de lucro que busca favorecer la salud mental a través de la creatividad y el arte. Colectivo que promueve la escritura expresiva, terapéutica y comunitaria a través de diversas iniciativas y talleres.

ISBN: 978-607-8557-83-7

Impreso en
Monterrey, N. L., México

Primera edición:
Noviembre 2021

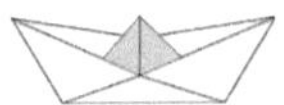

Hay muchas formas de ser libre.
Una de ellas es trascender la realidad por la imaginación,
como yo intento hacer.

Anaïs Nin

Caracolas en el tiempo

Una vez leí que cuando uno se gira hacia la luna, entiende su propio corazón. Esa imagen me hechiza e inspira, ya que pienso que la escritura tiene ese mismo poder.

Y es que, en un mundo tan ocupado, cada vez nos cuesta más bajar las escaleras para conectarnos con emociones, sensaciones y recuerdos. Vivimos casi anestesiados y son pocas las oportunidades que nos brindamos para estar con nosotros mismos. Esa es una de las varias razones por las que escribir es muy retador, y a la vez, tan terapéutico. Esta antología de microrrelatos encadenados es una celebración a esa victoria de reconectarnos, un aplauso de palabras a todo lo que implicó nuestro viaje. En esta travesía, nos aventuramos a recorrer un trayecto de nuestras vidas con una red de casi 80 exploradores, guiados por una luz que podría ser la de la luna y nos atrevimos a salir de la ilusión de comodidad y protección que nos brinda nuestra mente.

Nos acompañaron sensaciones, incertidumbre, creatividad y palabras. La aparición de las frases que nos encadenaron permitieron que nos tomáramos de la mano para recordar que no estábamos viajando solos.

El viaje que compartimos nos ofreció la ilusión de tener un inicio y un final. Sobre eso escribimos nuestros microrrelatos, sobre la idea de líneas imaginarias trazadas en el tiempo, que denominamos "trayectos". Los escritores que en esta ocasión se embarcaron enviaron sus relatos desde cuatro países diferentes: México, Argentina, Perú y Estados Unidos, y sus edades van desde los 15 hasta los 85 años, demostrándonos así que para escribir no existe una edad determinada y que cualquiera puede hacerlo, siempre y cuando decida hacerlo desde el corazón.

La travesía inició en un mismo puerto y con una misma frase inicial que sirvió de inspiración. A partir de ahí, nos adentramos en nuestro propio mar interior, recordamos el pasado, pensamos en el futuro y fuimos resolviéndonos mientras escribíamos.

No cerraré este prólogo comentando todos los beneficios que ofrece la escritura para nuestro bienestar; tampoco le recordaré a nuestros lectores la importancia que tiene el expresarnos en el espacio compasivo del papel, o el gran valor de conectarnos con otros a través del arte, y mucho menos, mencionarle que cuando la imaginación y la escritura nos permiten crear y dar voz a nuestras historias, el efecto es y será siempre muy poderoso en favor de nuestra salud.

Isabel Centeno

Índice

Un viaje entre líneas

En octubre del 2017, junto con Kristela, Norma, Lucía, Nicole y Liliana, en una sala de la Feria Internacional del Libro (FIL), en Monterrey, Nuevo León, Isabel Centeno nos presentó ante un público, haciendo la aclaración de que los microrrelatos que leeríamos habían surgido en un taller de escritura donde se desnudaba el alma. El resultado fue tan sorprendente, que dos años después aseguró un espacio en la FIL para presentar su proyecto de Laboratorio de Escritura Terapéutica.

Para obtener una sala en la FIL, los organizadores exigen que se presente un libro, pero la idea del laboratorio les resultó sumamente original. Isabel me comentó su intención y yo la rebosé de preguntas... Como a ambas nos encanta complicarnos la vida, y disfrutamos de hacerlo, emprendimos la primer Travesía. El resultado fue un espacio completamente lleno y 20 autores compartiendo sus microrrelatos encadenados al corazón. Desde el público, una persona preguntó que si teníamos el libro donde venía lo que acabábamos de leer. No sólo no lo teníamos, sino que ni siquiera nos había pasado por la mente la posibilidad de hacerlo.

Al año siguiente, Travesías de tinta ya era una tradición. El COVID nos obligó a replantear el proyecto y eso nos permitió que se unieran los primeros tripulantes que viven fuera del estado de Nuevo León. En el primer libro que editamos, 32 autores quedamos registrados, pero la tripulación fue mayor. De alguna manera, desde Ciudad de México, Maru Molina preguntó con nostalgia: "¿por qué se acaba?" Y precisamente para que la travesía no se acabe, este año desarrollamos nuestra primera herramienta de escritura terapéutica.

En esta tercera travesía, y abriendo un poco la mecánica de invitar a nuestro círculo cercano de amigos, navegamos por primera ocasión con pasajeros que no conocíamos y, junto con ellos, dejamos a un lado las excusas para evadir, callar y huir del espejo; en cambio, decidimos, como siempre lo hemos hecho, escribir desde el corazón. Le dimos estructura al proyecto y, como nunca antes en nuestra corta historia, todos los grupos nos encadenamos a la misma frase de partida que surgió del primer microrrelato "libre" que iniciaba con una frase "obligada", escrito por Coqui Salazar.

Y justamente porque hay días que resulta insoportable cargar con ella, aquí encontrarás 63 microrrelatos diferentes que surgieron de esa frase, y como resultado de este esfuerzo, en Trayectos y otras travesías, quedaron registrados más de 252 microrrelatos con 63 autores, aunque la tripulación fue mayor. Ahora, también incluimos códigos QR para que escuches cómo se encadenan las frases de los microrrelatos de cada barco, para que disfrutes la lectura en la propia voz de los autores y para que quede en la memoria esta gran experiencia.

La Travesía 2021 aún no termina, pero el reto que se nos lanza cada año llegó como un gran regalo envuelto en los microrrelatos de Lourdes Treviño, Alice Rodríguez y Mauricio Martínez.

Cuando no sepamos que hacer, escribamos. Cuando tengamos dudas sobre lo que debemos decir, escribamos. Cuando la vida nos sobrepase, escribamos. El papel siempre nos espera y no nos juzga, sino que nos abraza.

¡Nos vemos en nuestra próxima travesía!

Luz Alicia Rodríguez Cienfuegos

La Tinta en el Espejo

Coqui Salazar

Buscando la liviandad

Cada uno de nosotros llevaba puesta una sombra, unos más clara, otros más oscura; la mía en ese momento era la más sombría que había llevado en mi vida; además tengo que confesar que era pesada y no me dejaba avanzar, aunque intentaba día tras día convertirla en una sombra ligera, clara y fácil de transportar; ella, silenciosa y discreta, me esperaba todas las mañanas junto a mi cama para que la acarreara; confieso que con el paso del tiempo la he ido aligerando y su presencia me sienta bien, sin embargo... hay días que resulta insoportable cargar con ella.

Microrrelatos encadenados 2021

Travesía UNO
Albatros

Alejandra Sagástegui Roel • Alicia Rodríguez
Amparo Cantú • Azúl Chapa
Coqui Salazar • Evelyn Castillo Matoso
Norma Ortiz • Romina Gacioppo
Rosa María Hernández Ochoa • Sofía Fernández

Microrrelatos
encadenados 2021

Alejandra Sagástegui Roel

Toco

Hay días que resulta insoportable cargar con ella. La sonrisa que amolda mi rostro, de las siete de la mañana hasta la siguiente alba, queda incrustada. Con esta sonrisa, tapada por una capa de tela, las próximamente mamás quedan un poco más tranquilas, con más valentía. Entre gritos desconsolados sin anestesia, me aseguro de no ser alguien más que les traiga más lágrimas en momentos que cambiarán sus vidas. No sé cuándo pasó mi sonrisa a ser de piedra, pero mientras la violencia siga existiendo entre estas paredes, no se moverá. No seré otra razón más de miseria para ellas.

Tinta imaginaria

La vida vuelve, la inspiración se oculta al dormir la luna. Otro día amanece donde debo guardar la pluma y libreta, y volver a usar el uniforme. Un uniforme puesto que envuelve y define quién eres mientras el sol ilumine el cielo. Al salir la luna, guardo el uniforme. Saco la libreta, y la pluma escribe las historias más fantasiosas, aquellas que cuentan lo que existe más allá del uniforme que se porta. Con una imaginación que preocuparía a cualquiera que use el uniforme, escribo hasta el alba. La inspiración se va a dormir. Y el sol nace otra vez.

Prefiero quedar atrapada entre líneas.

Prefiero ser paciente.

Analectas

Sueño con despertar un día sin la nostalgia de haberlo conocido, aquel quien me conoció mejor que yo misma. Quien convirtió mis paredes en cristal, viendo lo bonito y no tan bonito de mí. Quien hizo que no le temiera a la caída, pero que la recibiera con los brazos abiertos. Y también quien me hizo ver que la perfección es sobre aprender de errores. A pesar de ello, nunca aprendí cómo sobrevivir su ausencia. Aún me pesa su partida, pero no me arrepiento de habernos encontrado... puesto que me enseñó lo que es amar, y amarme de igual manera.

Parálisis

Aún me persigue el temor de amanecer en una cama vacía. Con cada anochecer, mi cuerpo se congela inmóvil. Abro los ojos para ver las sombras que salen de los muebles, se retuercen y se suben sobre mi pecho. Sus manos invisibles arrancan el aire de mis pulmones. Sin una voz para buscarte, mi boca permanece muda. Una vez más me persigue el recuerdo ficticio de despertar, entre sábanas frías, sin tus abrazos de consuelo. Pero tus manos tocan mi cara y de nuevo puedo respirar. Ríos corren por mis mejillas, del alivio que es verte cada noche al despertar.

Prefiero susurros y promesas perfectas,
antes que la vida me llame de vuelta.

Alicia Rodríguez

Mi Camino

Hay días que resulta insoportable cargar con ella... Siento miedo y una sensación de ansiedad, hago una reflexión de mi vida y veo que he recorrido mil caminos, a veces trayectos cortos, otros muy largos e interminables, pero sigo avanzando, a veces con duda, otras con miedo y otras más firme y con alegría, esperanza y pasión. Pero debo avanzar sin perder la brújula que me llevará a mi destino. Es un camino que nunca me imaginé y cargar con ella es lo mejor que me ha pasado en mi larga y bella vida... Seguiremos hasta el final del camino.

La Tierra

La vida vuelve, la inspiración se oculta... Nací en una familia de siete hermanos, vivíamos en una hermosa hacienda, un lugar maravilloso con aroma de azahares. Aprendes a amar la tierra de tus ancestros, recorres el camino, la has trabajado con ahínco, amor y tenacidad. Pero en el futuro no te ves ahí, luchas por conservar esa tierra, pero tienes que decidirte. Desprenderme de la tierra de mis padres me cuesta, pero es una realidad, amarla no es suficiente. La Tierra se debe trabajar o dejar que la trabajen las personas que lo saben hacer... Con respeto la dejo ir.

Prefiero caminar descalza.

Prefiero el aroma del azahar y el campo.

Dejar ir

Sueño con despertar un día sin la nostalgia de haberlo conocido... Ese dolor... ese roble hermoso que se ha vuelto frágil con el paso de los años. Cuando la veo en su lecho, siento ese dolor y esa nostalgia, una mujer que ha peleado mil batallas dolorosas en su vida y que las ha soportado con entereza. Ahora está luchando su última batalla. Reza sabiendo que no la ganará. Mi madre está tranquila, en paz y nos trasmite su paz. Tomo su frágil mano, me regala su última mirada, cierra los ojos y parte en silencio hacia su nueva casa.

Florecer

Aún me persigue el temor de amanecer en una cama vacía... Es una fría mañana de noviembre, aún estoy en la cama. A lo lejos se escuchan sirenas, en la radio dicen que hubo una explosión en fundidora, un accidente. Desgraciadamente, mi hermano de tan solo veinticuatro años fallece. Dolor e incertidumbre, estamos desconsolados, no lo podemos creer, una terrible tragedia. Recuerdo la última vez que lo vi llegar a la casa, con su hija en brazos. El tiempo pasa, pero siempre lo recordaremos con nostalgia y amor. Ahora vemos a su hija y nietos y siento que ha renacido.

Prefiero agradecer, cada mañana y cada noche, la bendición del día.

Amparo Cantú

En mis hombros

Hay días que resulta insoportable cargar con ella. A cada uno nos ha tocado una cruz que debemos cargar y con los años se vuelve más pesada porque absorbe nuestras vivencias, buenas y malas; no podemos compararla, cada quien lleva la suya. En momentos complicados lo más fácil sería tirarla, dejarla abandonada, pero no es posible, debemos cargarla hasta el final. Se puede buscar ayuda, no para que la carguen contigo, sino para entenderla y aceptarla, seguro hay técnicas para hacer la carga más ligera. No te agobies; habla y comparte, siempre hay alguien que escucha y está dispuesto a ayudarte.

Busca lo Bueno

La vida vuelve, la inspiración se oculta... ahí está siempre, es cuestión de buscarla. Al abrir tus ojos acepta el regalo de un día más. Tal vez tu corazón está triste, quizá tienes algún dolor o tu mente esté cansada, sería más fácil rendirse. ¿Y si cuentas lo bueno que tienes hoy? Ahí está tu inspiración, ayuda para alivianar tristezas, calmar dolores y esquivar temores. Estos son parte de esa vida que sientes que se fue, que te hizo perder la inspiración, enfócate en lo que vale la pena... aprende a disfrutar el viaje, con todas las subidas y bajadas.

Prefiero la música

para cualquier estado de ánimo.

Hojas en blanco

Sueño con despertar un día sin la nostalgia de haberlo conocido, esa que se asoma cuando estamos celebrando algo en familia y revuelve los sentimientos. ¿Cómo, al estar feliz, quiero llorar porque tú no estás? Me faltan tus abrazos apretados. Tu ausencia se siente al escuchar tu música, qué buena banda armaste, sólo que ahora le falta el director... qué ganas de verte al frente. En tu libro, las historias terminaron, no se escribe más, solo quedan hojas en blanco, y como nos decías: "hay que darle vuelta a la página y a seguir escribiendo con los que aquí seguimos".

Un vacío lleno

Aún me persigue el temor de amanecer en una cama vacía. Cuando mi padre murió, mamá nos dio un consejo: disfruten pelear con el marido, esto significa que están juntos. No es una simple cama vacía, es una silla sola en el comedor, es no tener a quien esperar para cenar y platicar las novedades del pueblo; es difícil cambiar la rutina, se extraña compartir. Recordarlo llena ese vacío y es lo que nos ayuda a seguir adelante. No quiero mi cama vacía en el cuarto de los triques. Hoy decido salir y compartir momentos para escribir lindas historias contigo.

Prefiero compartir en familia

tristezas y alegrías.

Azul Chapa

Lulú

Hay días que resulta insoportable cargar con ella, pero nos hemos aferrado todos estos años que llevamos juntas. Es impensable vivir la una sin la otra. En los momentos más tranquilos del día interrumpe con su diálogo infinito, siempre buscando preguntas sin respuestas. El tema de moda es su orfandad. Creció en un núcleo familiar con un padre ausente y una madre que era arena entre sus manos. Intentó no ahogarse en una infancia que debería de haberse tratado de otra cosa. Tardó en hablar, cuando lo logró a nadie le importó escucharla... Auxilio, mi niña interior me está ahogando.

La mujer de Lot

La vida vuelve, la inspiración se oculta. Su pregunta me cimbra. ¿Por qué te lleva tanto tiempo darte cuenta de que algunas personas no valen la pena? Habla del pasado, mi presente le es lejano. Tardó sesenta días en poder darle una respuesta. Precisa. Certera. Contundente. Como coleccionista de historias, soy incapaz de arrancar una hoja del diario de mi vida o dejar un capítulo inconcluso. En ocasiones me invade la creencia de que el personaje dará un giro inesperado. Por eso espero y te desespero. Tras la llegada del tedio, mi caligrafía desordenada fluirá y el silencio dará mil respuestas.

Prefiero darle los buenos días a los pececitos que habitan mis recuerdos, que al celular.

Diálogo interno

Sueño con despertar un día sin la nostalgia de haberlo conocido... lleve usted a pasear su nostalgia a otro lado. ¿Tendría que renunciar a todo lo aprendido? No, yo no renuncio, yo lucho hasta el último aliento. Aposté y perdí. ¿Que no me supe retirar a tiempo del juego? Pensé que era la vida. ¿La vida funciona como un juego? Bueno, yo no lo sabía. Me acuso de dejarme llevar por una ilusión y perseguirla. Salí del aletargamiento. Gané condición física, creatividad, empuje. ¿Que el vatito chulo era un existencialista depresivo? Sólo porta un caparazón que esconde toneladas de miedo.

Matemática

Aún me persigue el temor de amanecer en una cama vacía... si amanezco en la cama, ¡la cama no está vacía! Lógica. ¿Temor? Sólo le tengo miedo a la gente que miente, que usa, que calla. Las sin fisura. Las que cargan historias impresas en un disco rayado lleno de pasado... Me persiguen las palabras, las dichas y las calladas, los recuerdos, los mensajes de texto sin aparente contexto. El sueño me abandona en medio de la noche, me aletarga el día, me sumerge en la marea roja... lucho por rescatarme y ahora resulta que habito el olvido. Bendito Clonazepam.

Prefiero el diálogo, a que el silencio
me llene de respuestas.

Coqui Salazar

La vida como es

Hay días que resulta insoportable cargar con ella, pero no es una queja ni un reclamo, es simplemente ver la vida como es, a veces es tan fácil fluir, disfrutar, agradecer, amar, compartir, soñar, días en los que el sol brilla fuerte pero no te quema, sólo te acoge para que sientas su cobijo... pero como somos humanos y vivir es experimentar de todo, ya que es la única forma en que maduramos y crecemos, es necesario en ocasiones sentir la frialdad de la existencia, cuando el sol se esconde tras las nubes y el mundo nos muestra su indiferencia.

Bendita rutina

La vida vuelve, la inspiración se oculta, y sí, después de su partida pensé que mi vida nunca volvería a ser la misma. Los días pasaban y pesaban, me costaba muchísimo vivirlos; en estos años, las ganas de vivir me empezaron a llegar poco a poco, la rutina empezó a darle nuevamente un sentido a mi existencia, regresé a vivir; estoy consciente de que no soy la misma, y realmente nunca lo seré, pero, pese a todo, tengo muchas razones para seguir viviendo, inspirada o no, cada noche sueño... sueño con despertar un día sin la nostalgia de haberlo conocido.

Prefiero el río que la alberca.

Prefiero las montañas a los rascacielos.

Hacerse cargo

Sueño con despertar un día sin la nostalgia de haberlo conocido; y un día desperté pensando en la tristeza, el desánimo, los sueños no realizados por dejarlos pendientes, para que ese alguien especial los cumpla, y entonces caí en la cuenta de que son mis ilusiones las que estoy postergando por alguien que no tiene ninguna responsabilidad sobre mi vida. Me dije: ¿no será esto lo que llaman ser una víctima, que no se hace cargo de sus deseos por estar anhelando que esa persona especial se los concrete...?, cuando en realidad ella está aquí para realizar sus propios sueños.

La perla valiosa

Aún me persigue el temor de amanecer en una cama vacía, y sí, vacía, pero de mí, de esa persona maravillosa con la que amanezco todos los días, la que se ve al espejo y agradece por su existencia, y por todo lo bueno y hermoso que habita en ella, por la belleza de su rostro y su cuerpo sano, pero no fue fácil amanecer así siempre, le ha costado todo una vida enfrentarse a su implacable juez interno... y darse cuenta de que la perla valiosa siempre estuvo en su interior y no en los lugares que siempre busco.

Prefiero vivir en el campo

que en un depa en la ciudad.

Evelyn Castillo Matoso

Ese café humeante

Hay días que resulta insoportable cargar con ella... asalta mis sueños, mis propósitos, obligando a mi memoria a dar un vuelco hacia la época gloriosa de antaño, cuajada de tus voces; tu sonrisa tierna, dulce y amorosa dibujándose en tus labios, deleitando ese café humeante, ¡saturado de su esencia y de ti! El tiempo se tornaba eterno y bastaba un sólo instante para decirnos mil versos, mil te quieros y millones de ¡por siempre aquí estaré...! Hay días que resulta insoportable cargar con ella... esa tirana realidad que me persigue y que, al dejar que me alcanzara... me dio paz.

El milagro de la vida

La vida vuelve, la inspiracion se oculta... Esa es la esencia de lo que viví durante tres años consecutivos: servir a la vida, sin esperar nada a cambio. Se dice fácil, pero vivirlo, es todo un reto. Di lo mejor de mí: tiempo integral, atención, amor incondicional.:. Nunca esperé ganar algo, ni siquiera un halago. Me arriesgué y, paradójicamente, gané. Gané fortaleza, vivir el desapego, escuchar la voz del silencio. Conocer ahí a quien, con su LUZ, me condujo hasta este Barco, ¡para surcar mares de tinta, con pesca abundante de grandes historias que cristalizan el milagro de la vida!

Prefiero creer en la luz de un nuevo amanecer que en la oscuridad eterna del dolor.

Noches de agosto

Sueño con despertar un día sin la nostalgia de haberlo conocido... Su imagen sigue en mi mente... Un bebé que palpita en el vientre de su madre, clamando una oportunidad. Ella argumenta, se contradice, llora... Todo queda en suspenso. Llama de nuevo, da la impresión de haber cambiado de opinión... el fantasma de la duda aún se asoma. La cita con "los segadores" ha llegado. ¿Qué habrá sucedido? Le llamo... no responde... sigo esperando respuesta. Silencio total. ¿Qué fue de ella y de la luz en su vientre? Quizá nunca lo sabré, pero lo intenté. Él seguirá palpitando en nuestros corazones.

Esperanza azul

Aún me persigue el temor de amanecer en una cama vacía... Porque el manto de la noche aún arropa mis sueños. Sueños en donde invariablemente estás tú, con tu luminosa sonrisa, tu mirada amorosa. Quién tuviera un espejo que escudriñara lo más profundo del cosmos para poderte encontrar en un detello de luz, en una partícula de la nada, en un suspiro de Dios. Ángeles de la vida, transparencias infinitas que surcan el universo, díganme si lo han visto, muéstrenme una chispa de su esencia, de su alma, denme una esperanza, envíenme una señal... para reencontrarnos en el diáfano silencio.

Prefiero entrar en el corazon del silencio,
aquietar mi mente y buscar en mi interior.

Norma Ortiz

Borrón y cuenta nueva

Hay días que resulta insoportable cargar con ella. Hay días que me parto en dos o seis para atender la de todos. Hay días que cargo con la tuya, con la suya y con la de él, olvidando la mía. Mis rodillas ceden. Hay palabras que ya no caben en mi vocabulario: sacrificio, virtud, complacer, deberías, te toca... Las he tirado letra por letra por el triturador. Hay líneas que hay que borrar y volver a dibujar, límites nuevos que marcar. Hay reacciones que con mucho trabajo he truncado e intercambiado por otras que hoy me funcionan, mañana Dios dirá.

Temporada de patos

La vida vuelve, la inspiración se oculta y el camino con ella al darme cuenta de que tengo lo que siempre he querido cuando apenas termino el primer tercio de mi vida. ¿Y ahora qué?, ¿ahora a dónde hay que correr? Me ha costado la coraza y de piel varias capas. He salido del techo y tener encima nada más que el cielo da miedo. ¿Sabes cuántos caminos hay para llegar a él? Más de los que puedas imaginar. ¿Y si tomo el equivocado?, ¿y si al exponerme me confunden con ave y atravieso el firmamento en temporada de patos?

Prefiero pensar en lo que tengo
a enumerar lo que carezco.

Planeando el adiós

Sueño con despertar un día sin la nostalgia de haberlo conocido, sin los recuerdos de lo vivido. Conocíamos el riesgo y el beneficio... el último, mayor en apariencia. Adelante. El agua no me deja ver. El ruido no me deja dormir. El dolor no me deja vivir. Siento el peso de su cabeza en mi hombro. ***¿Sigues despierta?*** Me paro con prisa a traer lo que necesita. Presiono el botón rojo. Primero cuidadora, luego esposa. Lo demás, a la lista de espera. Ahora el alta y revisar la cuenta. ***¿Mami, me puedo dormir contigo?*** No cabemos más en la cama.

La cama

Aún me persigue el temor de amanecer en una cama vacía, aunque confieso que, por un tiempo, disfruté mucho dormir tranquila, sin el sobresalto de un manotazo, el grito de una pesadilla ajena o tus estruendosos ronquidos. Disfruté dormir parejo sin que tus manos traviesas encontraran mis huecos. Ahora la lleno con todo lo que me encuentro, pero nada mimetiza la sensación de tus patadas, de amanecer con los pies en la almohada o conciliar el sueño entrepiernada. Tal vez sea tiempo de conseguir una más chica para no perderme en el espacio que ya no topa con tu espalda.

Prefiero los amaneceres

y los atardeceres de verano.

Romina Gacioppo

Ni domingos ni festivos

Hay días que resulta insoportable cargar con ella. Esa hora inquieta que no se toma un descanso ni en festivos. Me visto de autoridad y dejo el puesto de la queja, ¡renuncio! Me amigo con el reloj sacándole provecho y en esos tres suspiros que dura una hora los respiro profundamente pa' que valgan la pena. Esto es como la carrera de la tortuga y la liebre... se gana con actitud. El tiempo es una bendición y aprendo a abrazarlo con ganas de que no se termine rápido. Mi perro quiere pasear, se rompió la correa... ¡pues vamos sin correa!

Apática asintomática

La vida vuelve, la inspiración se oculta... pero a ella se la busca y despierta con sueños y esperanza. Vuelve la vida entre tropezones, golpes y empujones. ¡Alma mía, mira al cielo y sé agradecida porque estás viva! No seas apática asintomática que de eso no se trata. Ayer comí un helado y me sentí feliz, algo así es la inspiración para mí, algo casual, a veces dormida pero no ausente. Escudriño mi corazón, localizo con lupa esa puerta abierta por donde podría escaparse la inspiración. Cierro con llave para que nadie la destruya... porque está en peligro de extinción.

Prefiero el Sur y también el Norte,
uno me dio vida y el otro descendencia.

En espera

Sueño con despertar un día sin la nostalgia de haberlo conocido. Una charla detallada de cómo nos fue con los niños, lo que vamos a cocinar; y que después de esa última taza de café... ahora sí nos despediríamos porque teníamos muchas cosas por hacer. Ese viaje en pausa, abrazos reprimidos y amordazados con muchas ganas de ser liberados. Los cinco sentidos quieren sentir más. Se extraña el tiempo compartido, la calidad del buen abrazo de los sobrinos, el beso de los padres y ese ánimo de un buen amigo. Desconozco el futuro... pero sí sé que Dios seguirá presente.

Balanza

Aún me persigue el temor de amanecer en una cama vacía sin sueños ni motivación. El temor es un mentiroso, se introduce en mis pensamientos positivos y los viste de negatividad para frenarme. Yo creo que alguien le paga... por eso se empeña demasiado, es un pobre infeliz frustrado. Anda como león rugiente queriendo devorarme. Cuando mi espíritu está fuerte, ese león me hace los mandados. Aparece ese Dios defensor de mi alma recordándole que los pensamientos que Él tiene para mí son de paz y no de calamidad para darme un futuro, una esperanza y ahí cambia la balanza.

Prefiero no decir lo que prefiero

y que lo descubran los que yo quiero.

Rosa María Hernández Ochoa

El ahuehuete azul

Hay días que resulta insoportable cargar con ella. Mi orfandad de niña permanece en la imagen del féretro de mi padre descendiendo entre las cuerdas. Me persiguen la ausencia y la nostalgia de la despreocupada época en mi primera infancia. De nuevo la incertidumbre por las enfermedades y pérdidas me acecha. Algunas veces quisiera aislarme en el tronco del ahuehuete azul, donde por años callada me escondí. Durante el confinamiento extrañaba el ruido y la familia. Este verano ha habido viajes, visitas y festejos, pero no encuentro cómo ni dónde anidar para escribir. La vida vuelve, la inspiración se oculta.

La sombra en el granado

La vida vuelve, la inspiración se oculta. El verde cenizo de su rostro, los ojos hundidos y la piel enjuta, me remiten a la última foto de mi padre; muriendo de sarcoma, acariciando un pollito entre sus manos. Mi hermano menor casi no tuvo padre. Está hospitalizado. El cáncer se adueña de sus células y de mi inspiración. Siento un temor crujiente: que la historia se repita. Él es mi granado con su melena verde y roja, el olor a castañas. De niña miré por la ventana los cerros cenicientos, mientras mi padre moría sin despedirse. Me habita el miedo.

Prefiero ventilar el dolor,

a que quede asfixiado en mi interior.

Ecos de Andalucía

Sueño con despertar un día sin la nostalgia de haberlo conocido. Nos encontramos en el Parque María Luisa, mientras yo recordaba absorta la historia de mis padres. Él era un apuesto andaluz; nos enamoramos. Sevilla nos vistió de amarillo. Días después me invitó a Marruecos en su yate. Compartimos el mar y la poesía. De regreso había marejada, las olas golpeaban fuertemente en la oscuridad. Teníamos miedo y despedíamos adrenalina. Volví al lugar acostumbrado; sobre la mesa encontré una nota de despedida: "Me voy, pertenecemos a mundos muy distantes"... Aún me persigue el temor de amanecer en una cama vacía...

Sin anestesia

Aún me persigue el temor de amanecer en una cama vacía... Me sobresalta el miedo de perderlo. Salí a correr y el olor a *huele de noche* me remontó al jardín de nuestras recientes noches en Durango. Al volver a casa estaba inmóvil, en la misma posición en la que lo dejé. Sentí, por un momento, que había muerto. Temblando acerqué a su nariz la diminuta flor que corté y despertó. Transito entre alegría e incertidumbre; enfermedad y muerte. Añoro los años de inocencia, cuando tenía confianza de que nada amenazaba con perderse. No quiero quemar mis pies sin anestesia.

Prefiero las bandadas de pájaros

atravesando el cielo, a verlos enjaulados.

Sofía Fernández

Y se creía muerta

Hay días que resulta insoportable cargar con ella... la vida la llevaba a cuestas, queja tras queja... parecía ciega; se arrastraba en su casa, pues el dolor era insoportable, las convulsiones la paralizaban. Esa noche de verano apareció una puerta; un solo tratamiento y todo cambió: la comida sabía mejor, los ruidos insoportables se convirtieron en risas de alegría, los niños jugaban... la mujer sonreía; salió del capullo y sin darse cuenta, se convirtió en una hermosa mariposa. Aprender a amarse, dejarse amar, soltar lo viejo, respetar las diferencias, ponerse límites, accionar y agradece... así comenzó un otoño con salud.

Hubiera deseado fuera diferente

La vida vuelve, la inspiración se oculta, la oxigenación se recupera; y a ella le quieren extubar. Cada vez que se intenta, se vuelve a complicar. El silencio nos invade, no hay noticias. Durante la noche sólo se ven carros mortuorios pasar. Se escuchan los grillos... el corazón no sabe que sentir. Suena el teléfono, dicen su nombre, nos piden ir. No podía entrar al hospital, ella ya no estaba ahí. El corazón desgarrado, no podía creer. Aquella tarde, en esa llamada fue nuestra última conversación. Aún recuerdo la dulzura de su voz. Los recuerdos me acompañan, la vida continúa...

Prefiero una amiga loca y atrevida que es ella misma, a una cuerda y confundida.

Don Henry

Sueño con despertar un día sin la nostalgia de haberlo conocido... Tan divertidos los momentos en su casa; llegar a su oficina, pararme de puntitas, abrir ese cajón crujiente, llenar el puño con esas pasitas de chocolate que fabricaba. Hablaban de un señor serio en esa casa; por más que busqué, yo nunca lo encontré... había un viejito cariñoso, ese cómplice que guiñaba el ojo, me decía al oído que me amaba. Los kilómetros nos separaban, su caminar era más lento, cayó en cama, cerró los ojo... se marchó, dejó con nosotros su herencia más preciada... yo le llamó mamá.

Estoy perdida

Aún me persigue el temor de amanecer en una cama vacía... temblaba de miedo, sentía frío por todo el cuerpo. Era tan real, te llamaba y no te veía. Qué alivio sentir tus manos cálidas en mis brazos, tratando de despertarme. Continúas aquí, no te has ido. La mirada está fija, aunque te veo, no recuerdo tu nombre, ni dónde estoy, ni quién soy yo. Esa pesadilla, terminó. Cuando creía que ya todo había pasado, ahora eres tú, conectado a ese oxígeno, pálido y asustado. Yo te devolveré el cuidado y cariño que me diste, pues esto pronto pasará, amor.

Prefiero una casa con juguetes regados, que el silencio y el orden por vivir en la distancia.

Trayecto Travesía 2021

Desde el corazón

Compartir momentos para escribir lindas historias contigo... me llevo de esta travesía unas ganas enormes de seguir escribiendo, de invitar a todas las personas que conozco a que se unan, que abran su corazón y dejen salir todo lo que guardan y cargan. Es una experiencia increíble y ya quiero subirme de nuevo. Un gran acierto encadenar con desconocidos y emprender este viaje lleno de analogías. La tristeza se hace pequeña cuando logra salir del corazón. La palabra es una arma que apuñala y una herramienta que sana. Me quedo con la sanación. Escribir, escribir, escribir. Gracias por la experiencia. *Azúl Chapa*

Dos almas

Compartir momentos para escribir lindas historias contigo... historias doradas de agosto, de risas, azahares, sabores, elefantes blancos y tertulias sin fin. Pequeña Gran Alma, agradezco a Dios este reencuentro que me trajo aquí, a este Mar de Tinta azul y añil, escribiendo vidas, historias, recuerdos en blanco y en gris. Plasmando con plumas en el cuadernillo la radiografía de mi propio ser, de las alegrías y de las tristezas, nostalgias del ayer... Me siento feliz siguiendo tu luz y ahora al viajar, en cada puerto volver a soñar en blanco marfil, en rosa sutil, en verde esmeralda o en carmesí... *Evelyn Castillo Matoso*

Navegando por el alma

Compartir momentos para escribir lindas historias contigo, encadenando una que otra vivencia y añoranza. Nos damos cuenta de que nos parecemos. La vida es un desafío a cumplir y con esta travesía compartimos lo más y menos consciente de nuestro caminar. Observamos los colores y los describimos detalladamente, el corazón guarda muchas cosas que ni nosotros sabíamos que estaban ahí. Este tiempo de escritura fue liberador y nos llevó a tratar con nosotros mismos. Recuerdos reprimidos que debían ser confrontados para dejar de ser un peso innecesario. Esto fue un crucero que incluyó paradas en islas desiertas, ciudades y playas. *Romina Gacioppo*

Travesía DOS
Calypso

Ángela Domínguez • Florentina Sánchez
Lourdes Treviño • Magaly González
Mauricio Martínez • Mónica Espinosa
Mónica Ibarra • Mónica Sagástegui Roel
Paola Díaz • Pato Lizárraga
Patricia Rodríguez Cienfuegos

Microrrelatos
encadenados 2021

Ángela Domínguez

Más que matemáticas

Hay días que resulta insoportable cargar con ella, la burbuja del estudio. La preparatoria no era algo que yo quería hacer, honestamente; haría las amistades de mi vida, claro, pero ¿de qué sirvió? Mis últimos años de adolescencia fueron enfocados únicamente en mis estudios. Pasaba días en la biblioteca, la mayoría del tiempo, estudiando matemáticas entre otras materias; me había aislado, no salía, no conocía a personas nuevas. Eso me dolió, no voy a mentir, pero al graduarme me di cuenta que es mejor dejar la burbuja del estudio un poco, que la vida es más que matemáticas.

El desprecio del hoy

¿Regresará?... ¿La vida normal?, ¿la de siempre antes de la locura?, no la nueva que ahora odio y desprecio con todo mi ser. Mis amigos que una vez tuve, ¿regresarán? Me pregunto: ¿por qué los perdí?, ¿hice algo mal? No lo sé. ¿Haré nuevos algún día? No lo sé, y esa es la cuestión. Pensaba que era feliz, antes de que la locura comenzara, confiaba en que tenía a los mejores amigos, personas en las que puedo confiar, momentos inolvidables, felicidad, la seguridad en mí misma que tanto estaba buscando. Hoy parece que se desvanecieron por completo todas esas cosas.

Prefiero agua antes que el refresco.

Prefiero ir a clases presenciales.

La aventura continuará

La siguiente vez será diferente, pensaba cada vez que culminaba un buen viaje fuera de mi zona. En cada uno esperaba llevarme algo memorable del lugar, especialmente después de visitar París. Nunca olvidaré la paz que sentí al dejar por primera vez el continente, ¡vaya que me dejó recuerdos inolvidables, como todo viaje! Pero esta vez fue diferente, sentí que la verdadera aventura había comenzado a partir de ahí: la visita al nuevo continente. Ahora cuento los días para volver allá y continuar la aventura que dejé pendiente. Confío en que ese día... llegará antes de que me lo imagine.

La persona de mis notas

Llegará antes de que me lo imagine, es lo que pensaba muchos años atrás cuando veía a mis amigas ser felices en su relación con sus novios. Experimentar esa sensación de amar y compartir mi vida con alguien ha sido mi deseo desde que tengo memoria. Ahora, con mis veintiún años de edad, esa persona aún no ha llegado. Existe, pero dentro de mi imaginación y los momentos que paso con esa persona son reales solo cuando escribo sobre ellos y dejan de serlo una vez que decido apagar mi computadora. Me pregunto si algún día llegará esa persona. Esperaré...

Prefiero más a The Beatles que cualquier otra banda de rock.

Florentina Sánchez

Incertidumbre

Hay días que resulta insoportable cargar con ella, esta incertidumbre que empaña lo que debería de ser el inicio de una nueva vida, pero el papel con mi foto, mi nombre en grandes letras y un sello universitario que acredita mi título profesional, no me está dando la certeza de tener la capacidad de cumplir con lo que de mí se espera y que considero el camino a la libertad. Es el final de un año y de una década, debería ser un inicio en mi vida. Creo que lo será porque ayer lo conocí a él... y me enamoré.

Tony

¿Regresará?, quisiera que volviera. Él un día llegó a mi vida, creo que me escogió, desde entonces hemos compartido viajes y paseos... también mi cama y sus juguetes, haciendo el encierro involuntario algo con risas y caricias; que sea pequeño no ha impedido llenar un espacio en el que ya no tiene cabida la soledad y no se siente tanto el vacío por la ausencia de risas. Antes andaba como perdido por mi calle, un día lo invité a entrar cambiando para siempre nuestras vidas... Escucho un ladrido, abro la puerta, entra con cara de perdón.

Prefiero la nostalgia que me invade

al ver zarpar un barco.

El enemigo

La siguiente vez será diferente la manera de vencer a los enemigos, que desde hace siglos, aparecen para sufrimiento de los humanos. Han sido sombras oscuras causando miles de muertes sin conocer nosotros su origen. Aparecen en historias escritas, en la memoria de nuestros antepasados, en recuerdos de mis padres y en los de mi infancia. Lo peor ha sido no conocer al enemigo, había que imaginarlo, buscar qué fue lo que hicimos mal... sin considerar el poder de lo invisible. Hoy, sorprende hasta donde nos ha llevado la capacidad de nuestra especie en su eterna lucha por la sobrevivencia.

Luz de estrellas

Llegará antes de que me lo imagine, porque las noches sin estrellas no las puedo ni las quiero imaginar. Mi infancia de noches frente al mar, admirando el cielo cuajado de estrellas y los campos llenos de aquellos cocuyos... que el poeta inmortalizara cantando "bordan de lentejuelas la oscuridad", son ahora un lejano recuerdo. Las casas que cubrieron los campos y la luz artificial fueron apagando las estrellas y cocuyos de mi infancia. Hoy vivo en una moderna metrópoli; desde la ventana con vista al cielo, saludo en la noche a la única estrella que aún brilla, agradeciendo su fidelidad.

Prefiero el recuerdo

de aquellas Navidades sin regalos.

Lourdes Treviño

Remembranzas

Hay días que resulta insoportable cargar con ella, bueno más bien con sus recuerdos, mis pensamientos se tornan turbulentos y parecen un enorme torbellino girando en mi cabeza. Me molesta no poder verla de nuevo; no poder abrazarla me duele. Por eso a veces hay días en los que prefiero sólo vivir el presente sin remembranzas. Cómo explicar a las demás personas que la tengo aquí a mi lado, cuando en realidad ella ya no está físicamente en este plano. Mis ojos se llenan de lágrimas, sin querer, al recordarla. Lupita de seguro me diría: "¡ya no estés fregando, comadre!"

Soy tu nina Lupita, les repetía

¿Regresará?, no sé por qué me hago esta pregunta, claro está que no regresará. Qué más quisiera yo que volver a verla, tan solo para retomar un poco las discusiones con ella como solíamos hacerlo desde pequeñas. Quisiera que volviera para entonces poder decirle a voz en cuello cuánto la quiero. Fue la mejor nina del mundo para mis dos hijos. Quiero decirle cuánto aprecié el momento en el que me dijo un poco molesta por no ser la madrina de mi primer hijo, que a ella no le importaba lo que hubiéramos decidido: "yo seré su madrina y se acabó".

Prefiero una buena plática de sobremesa

a una siesta.

La llamada

La siguiente vez será diferente, quisiera que esta frase fuera real, pero lamentablemente esta vez no habrá siguiente vez. Tengo que aceptar la realidad, ya no estás aquí. Cuando saliste del hospital pensamos que estabas mejor. La llamada de tu hermana me tomó por sorpresa, me dijo que te faltaba el aire, dejó la bocina abierta y escuché todo lo que pasaba. Tus hermanas trataron de ayudarte lo más que pudieron, escuché sus gritos, una de ellas, contra las indicaciones de no acercarse, te dio respiración de boca a boca. Pero tu corazón dejó de latir. Dios, que impotencia sentí.

Esta vez sí bailaré

Llegará antes de que me lo imagine, sí, el momento en que nos volvamos a encontrar llegará y esta vez aprovecharé cada segundo compartido. No malgastaré tus carcajadas y reiré junto contigo con fuerza sin contenerme, me dejaré llevar por tus ganas de vivir al máximo. Cuando nos veamos de nuevo estaremos en otro plano, eso es lo que creo, ese lugar que llamamos cielo. Dios debe estar pensando: "qué osada esta mujer tan segura de llegar aquí". Espero que así sea, porque, como te digo, te quedé a deber la bailada. ¡Esta vez sí iré a bailar contigo, comadre!

Prefiero hacer viajes inesperados

que esperar el plan perfecto.

Magaly González

Desapego

Hay días que resulta insoportable cargar con ella. Me grita, nos peleamos. Al principio me incita a hacer cosas que al final salen mal y al segundo todo es mi culpa. Siempre estoy en medio, en uno de los lugares más incómodos, donde la indecisión y la presión son todo, donde un sí o un no podrían cambiarlo todo. Después recuerdo que nunca salió nada bueno de esta relación. Es por eso que te escribo esta carta, esperando que lo malo se vaya contigo. Te he escrito intentando contarte cosas, pero no pude. Temiendo que lo arruinarás todo, como siempre.

En espera

¿Regresará?, me lo preguntaba casi sin poder moverme, en aquel pequeño cubículo de excusado maloliente. Traté de no hacer ruido, ni siquiera de mi respiración. No se oía nada, pero aun así, me rehusaba a salir. Después de un rato, se escuchó un golpe muy fuerte. Más me hice bolita en mi escondite. Pero me empezó a ganar el sueño, ya que me tocaba el turno nocturno. Sabía que no podía quedarme ahí toda la noche. Decidí salir, y esa cosa me estaba esperando. Correr resultó en vano, me mató en segundos. Me quité los lentes y apagué la computadora.

Prefiero tu voz a cualquier otro ruido.

Prefiero las sonrisas.

La consulta del sábado

La siguiente vez será diferente, me lo decían los doctores una y otra vez. Me iba acostumbrando más al tratamiento y casi no sentía nada cuando las agujas traspasaban mi piel. Intentaba pensar en otra cosa para despabilarme unos momentos. Todo saldría bien pero no me podía rendir. Había perdido casi todo por culpa de esta enfermedad, pero no me podía desanimar. El sonido del vidrio rompiéndose me sacó de mis pensamientos. Vi como lentamente los doce tubos de sangre, los cuales habían tardado horas en llenar, se desplazaban por todo el consultorio. Teníamos que volver a empezar. Odiaba esto.

Dolor

Llegará antes de que me lo imagine. Y así fue, de pronto llegó el día en donde no pensaba en ti. A pesar de que me había dolido, sabía que era necesario. No nos pudimos despedir, nunca te gustaron las despedidas, jamás habías podido decir adiós sin llorar. Siempre ocultabas tus lágrimas y tu dolor con una sonrisa increíblemente hermosa. Y tus ojos llenos de luz brillante. Sabía que necesitabas iluminar a más personas y sacar lo mejor de ellas. Me alegra que hayas sido una etapa en mi vida. En mis fotos siempre estarás y nunca te irás lejos.

Prefiero escribir e imaginar a extrañar.

Prefiero crear a investigar.

Mauricio Martínez

Padre Alberto

Hay días que resulta insoportable cargar con ella, así que se levanta a media noche y baja en calcetines hasta el refrigerador. No hace ruido. En su mente tiene una enorme fantasía de color, jirafas con dos patas, ama pintar, está soltando de nuevo su mano. Tenemos proyectos. Me comparte todo lo que ha acumulado en años de creación. Es feliz con una libreta. Hace trazos, su fantasía es una realidad. Lo llamo, está pintando. Me pregunta si voy a ir a verlo esa tarde. Ese es nuestro plan, lo cumplo. Pero mi padre Alberto se ha marchado para siempre.

Canas

¿Regresará?, claro que tengo que regresar, llevo conmigo una identificación falsa, acabo de ordenar la exhumación de un cuerpo. Sólo voy por la chequera... Sé que reirías con esta historia, y que la contarías sin aderezarla con tu frase: "¡Era un tremendo pillo!" Lo hice y fue por amor. Quede nuestra historia en cada una de las páginas del libro que editamos juntos; en cada una de sus hojas que nadie logrará borrar. Me quedo con la belleza de tus manos, tus carcajadas, tus anécdotas, tu amistad genuina... Ojalá y en otra vida te conozca antes de tu primera cana.

Prefiero llenarme de canas

antes que ser un tremendo pillo.

Fantasía de color

La siguiente vez será diferente, iré sin la prisa de querer rellenar los tanques de los calentadores para que estés confortable. Iré con lentes para apreciar toda tu obra y tus recuerdos. Iré sin hambre para no distraerme ni un segundo de cada una de tus historias. Iré sin un cubrebocas para poder darte un beso en cada mejilla y sostenerte en un abrazo cargdo de esperanza. Iré sólo por el placer de verte, de disfrutar tu compañía y escuchar de nuevo tus carcajadas... A la fantasía de color que pintaste en tu casa, la cubre ahora una nube gris.

Entre libros y libreros

Llegará antes de que me lo imagine... ¿o después? El olvido es algo que no queremos plantearnos, para eso hacemos libros, para que la memoria permanezca entre los nuestros. Perdí a mi diseñador editorial y tuve que reconfigurar, en tres segundos, cómo continuar. Camino a pesar de que los días son largos y pesados. Estoy sembrando. Trabajando a marchas forzadas porque los tiempos son absurdamente cortos. Mi creatividad me está ayudando enormemente. Tú me enseñaste a completar imágenes e historias. Fuiste el último de mis maestros, el que llegó a destiempo, arropado en el recuerdo de mi más GRANDE maestro.

Prefiero ilustrar libros de historia

que inventarme historias.

Mónica Espinosa

Libre

Hay días que resulta insoportable cargar con ella, me aplasta, me sofoca, hace que me arrastre y no me deja levantarme. Me esfuerzo, quiero deshacerme de ella, intento no dejar que me manipule como lo hace siempre, pero está adherida a mí y no me deja ser. Después de luchar con ella me quedo sin fuerzas, acepto que no puedo liberarme y salgo a la calle así, llevándola conmigo... me pregunto si alguien se da cuenta de que la llevo encima... observo que nadie me mira, nadie dice nada... entonces me siento ligera, ya no está conmigo, se fue... ¿regresará?

La respuesta

¿Regresará?... era la pregunta que me hacía cada día al despertar. Añoraba el bienestar que me brindaba, esa alegría, esa seguridad, esa plenitud, esa maravilla de sentirme viva. No valoré su presencia y me preguntaba cuánto más debía soportar su ausencia. ¿Por qué no regresa? cuestionaba al anochecer, cuando obscurecía y lo único que podía ver era la soledad y una sensación de vacío me invadía y me costaba respirar. ¿Cuánto tiempo más debo esperar?, ¿debo salir a buscar?, ¿si regresa y no me encuentra?... No hubo respuesta a mis preguntas y decidí no preguntar más... Entonces llegó la paz.

Prefiero el ruido de la naturaleza.

Prefiero estar presente.

Radiante

La siguiente vez será diferente... no habrá máscara ni disimulo, no habrá silencios incómodos ni enunciados huecos. La próxima vez miraré a los ojos y la sinceridad rodeará el ambiente. No dejaré que el tiempo se escurra como el agua y estaré preparada, serena, consciente... La siguiente vez no habrá nada que esconder, las puertas de mi alma se abrirán y mostraré todo lo que puedo ofrecer; una luz radiante saldrá por todos mis poros y si en otros ojos observo el reflejo sabré que he ganado... pero si no fuera así, mi luz seguirá brillando y nada habré perdido.

El valioso recorrido

Llegará antes de que me lo imagine... el día menos pensado me levantaré y sabré que la espera ha terminado. El camino que ahora parece largo y cansado será solo un recuerdo, el tedioso recorrido me parecerá lejano... apreciaré la experiencia aun con todas las dificultades porque con ellas siempre obtengo, sin duda, un valioso aprendizaje. Mientras llega no espero sentada, intento vivir intensamente cada segundo, sigo avanzando, aunque a veces sienta que no puedo más... solo un paso más... un segundo más... un milímetro más... llegaré o llegará... el milagro esperado, la felicidad anhelada... quizá siempre ha estado aquí.

Prefiero ser invisible que traer máscara.

Prefiero el morado en todas sus tonalidades.

Mónica Ibarra

Los besos dados

Hay días que resulta insoportable cargar con ella, esa caja de recuerdos que atesoro pero que de vez en cuando se abre. Despierto, son las 10 p.m. y han pasado once horas. Una cirugía que debió tardar tres, tardó siete y a su vez se convirtió en cinco días en los que lo único que deseaba era ver la carita de mi bebé. Esta experiencia me cambió la vida. Entendí que a la tumba no me llevaré mi clóset, ni los coches; sino un alma alimentada por los libros leídos, los besos dados, los vinos tomados y las pláticas deliciosas.

Aquí en la tierra como en el cielo

¿Regresará?... Solo que esta vez lo hará de otra manera, no en la forma física a la que tanto valor le damos los humanos. Regresará a nosotros como la estrella más brillante del cielo, lo verás en los momentos más importantes de tu vida. Pero, para que puedas verlo, debes entender que los humanos somos más que cuerpos, lo que le aporta valor a nuestra existencia es nuestro espíritu, y eso es lo que mantiene vivos los recuerdos de quienes ya no están con nosotros. Tu abuelo está en paz. Tú también hazlo y llévalo en tu corazón por siempre.

Prefiero momentos que alimenten mi espíritu,
pues es lo único que me llevaré de este mundo.

No todo es como lo pintan

La siguiente vez será diferente. Pero ¿qué puede cambiar? ¿El lugar, el momento, la persona, la impresión? Prácticamente todo. Aquel día salió despavorida, nerviosa, sabiendo que podía ser cualquiera de las que pasaban a su lado. Llegó al café y sintió esa carga en su cuerpo que tanto disfrutaba. Este mundo de las citas en línea le provocaba miedo, pero a la vez emoción y se había convertido en su peor adicción. Entró y de inmediato supo que era ella, era la primera vez que elegía este tipo de aventura. Pero al escuchar su voz, vaya sorpresa que se llevó.

Con las manos en la masa

Llegará antes de lo que me imagine, me repetía cada Navidad cuando me quedaba en vela esperando ver a Santa Claus con las manos en la masa. Pero por más que me empeñaba en mantenerme despierta, el sueño finalmente me vencía. Todo el año ideaba qué era lo que iba a dejarle en el árbol para que se apareciera: galletas, chocolates, empanadas; pero nada funcionaba. Años después, llegué a la conclusión de que esa era la magia, pues de qué sirven los sueños si existe la posibilidad de volverse realidad. Pierden su magia en el momento que dejan de serlo.

Prefiero las palabras que no se dicen, a aquellas que se dicen y se quedan pegadas en la piel.

Mónica Sagástegui Roel

Memoria

Hay días que resulta insoportable cargar con ella. Siempre la llevo encima, incluso cuando ya no sirve. Por eso, decidí tirarla al mar. Dejar que se hunda no significa que se ahogará, pero poco a poco habré olvidado en dónde fue que cayó. Con suerte, dentro de unos años habrá desaparecido de ahí, moviéndose hacia un destino inalcanzable. Sigue siendo mía y cualquiera que pudiera encontrarla lo sabría también. Solo aquellos que me han visto con ella saben de su existencia, de lo contrario, podría fingir ignorancia. De todos modos, es una diferente de la que me deshago cada día.

Aventurar

¿Regresará? Probablemente no, o al menos no de la misma manera, pues de cada lugar te llevas algo nuevo. Entender que las cosas evolucionan y cambian es aterrador, pero una vez se definen los límites, la experiencia es liberadora. El viaje no es recto y entender que no existen atajos te mantiene concentrado. Y al encontrar quienes te acompañen al destino, el camino de vuelta será más fácil. Ellos ya han estado ahí, saben por dónde no pisar —aunque te inviten a enlodarte de vez en cuando— y descubres que lo nuevo puede ser impresionante. La siguiente vez será diferente.

Prefiero ser yo.

Prefiero fingir que lo entiendo.

Extraños

La siguiente vez será diferente, bien he aprendido. Darle nombre a sentimientos cambiantes puede ser la parte más difícil de entenderlos. Piensas que los has notado todos, pues diecinueve años en un mismo planeta suena a un largo tiempo. Sin embargo, cada año me sorprenden. La nueva adquisición a la colección puede ser igual a la anterior, pero aun así será como conocer a una persona nueva. Tendrá un diferente cuerpo, llegará por una puerta distinta a la frontal o hablará con otro tonto. Pero responderle y dialogar será siempre la respuesta ideal, solo así podrás decir que lo lograste.

Preguntas

Llegará antes de que me lo imagine, la respuesta de aquel dilema sin resolver. A veces finjo que le hago las mismas preguntas a las estrellas, pero en realidad solo estoy viendo mi techo. Cuando pienso lo suficientemente fuerte en ellas, se llegan a escribir en papel, y así nunca verlas más. Pero sé que están ahí, inmortalizadas. Sus soluciones se van formando como piezas de rompecabezas, un pedazo a la vez, y las incógnitas no dejan de aparecer. Pero ésta no se deja solucionar, y solo queda escuchar el sin cesar del reloj. La espera me está comiendo viva.

Prefiero inventarme poemas

y escribir mis problemas.

Paola Díaz

Ella

Hay días que resulta insoportable cargar con ella, y a veces la detesto por eso. Todos los días es lo mismo, aparece en las noches de insomnio, pero desaparece durante todo el resto del día. Cuando más la necesito, parece que no existe. A veces resulta imposible cargar con ella, porque me llena de ideas e ilusiones que se convierten en momentos de impulsividad que terminan sin terminar. A veces la detesto, pero no la odio; la verdad, sí la quiero y la necesito... sobre todo, en momentos como estos cuando parece que la tinta se me está por acabar.

El gran escape

¿Regresará? Espero que no. Hace un tiempo que logré realizar esta travesía para escapar de él. Aquel, que en la oscuridad volvía el silencio una cacofonía, y al insomnio el monstruo bajo mi cama. Aquel que volvía mis pensamientos en un enjambre de demonios con aguijones venenosos, que se dedicaban a picar con sus susurros de desamor, temor, culpa y desesperanza, y también a rasgar con sus garras las más olvidadas de las memorias, manteniéndome al tanto, cada noche, de lo que procuré olvidar alguna vez. Entonces me marché y alejé de él, con la esperanza de un nuevo comienzo.

Prefiero las pláticas en los escalones de mi casa,

a bailar en un antro.

La Estación Liberté

La siguiente vez será diferente, repetí en mi mente una vez más antes de saltar del tren rosado. Hace más de siete años que sucedió, que decidí dejar atrás el eterno, sobreprotector y sofocante viaje del tren color rosa, para encontrar Liberté, la estación con la mayor variedad de trenes, donde mi ticket me dejaba saltar de tren en tren con libertad y tomar lo necesario antes de ocupar el siguiente. Me encuentro en la estación, la selección del siguiente tren a abordar es difícil; pero sé una cosa: mi aventura sólo acaba de comenzar, y estoy lista para vivirla.

Viaje al centro de mi interior

Llegará antes de que me lo imagine, eso creo yo. Este viaje se ha ido alargando, y cuando creo que mi nave por fin ha llegado a su destino, me doy cuenta de que es solamente una parada más. Cada lugar al que llego tiene una pista hacia donde debo ir, y si mi bitácora está en lo correcto, cada paso que doy me adentra más y más en las profundidades. Recorro cada parada con curiosidad, y miro con cariño alrededor, todo es tan familiar. Ojalá este viaje se alargue un poco más, aún no estoy lista para el final.

Prefiero la ambición de Slytherin,
a la impulsividad de Gryffindor.

Pato Lizárraga

Momentos

Hay días que resulta insoportable cargar con ella. Pero hay esperanza... Están mirando expectantes la paciencia y él; el amor... sufrido, benigno y fiel, se acomoda en el mejor lugar, el sitio más cálido donde puedan la esperanza y el amor descansar. La paz también se quedó a charlar, pues tiene cosas que contar acariciando con su perfume tan particular, se pasea por mi hogar con pinceladas de colores pastel... pero ¡tienen destellos de brillos! Hay sombras, matices de mil colores. Escucho su suave música... ¡esa música! ¡Qué bonita! Mi corazon se tranquiliza y la carga no está. ¡Se fue!

La promesa

¿Regresará?, el aguardar por ti a muchos los pone impacientes... ¿Regresará?, se preguntan todos... mientras yo creo en su promesa. Él retornará, me dejó el aroma de su presencia y la profecía de estar conmigo todos los días de mi vida. Dejó su amor, esa dádiva tan preciada para mí. Un pedacito de su cielo. Espero su venida mientras sueño con ese lugar tan hermoso que me está preparando. No hay palabras para interpretar su impresionante parecer. Esa presencia de bien, amor y paz colmó mi corazón. ¡Vuelve! Te espero, siempre cumples tus promesas. Sé que regresarás victorioso y fiel.

Prefiero mirar cien veces los colores cálidos de la aurora en los amaneceres del invierno.

Fortalecida

La siguiente vez será diferente. La experiencia de que todo ayuda para bien fue una realidad, porque el dolor y la soledad trabajaron mi paciencia y carácter convirtiéndome en mujer fortalecida y sabía. Esta vez olvidé totalmente lo que pasó ayer y le dije a mi corazón: "¡Tienes vida! Sé feliz..." Hoy es el día, un día divergente en cuanto al pasado. Es bueno sentir que la ternura y el amor se quieren amigar. Y quién soy yo para no dejarlos entrar... Se ven diferentes, no son una ilusión... yo los veo distintos , porque mi corazón se hizo sabio.

Contemplado

Llegará antes de lo que me imaginé. La rutina fue despertarme con las primeras luces de la aurora. ¡Un nuevo amanecer! Siempre agradecida, ¿cómo no estarlo? Si el privilegio de estar viva me hacía tener esperanza de que algo bueno vería hoy, sucedería algo agradable... siempre agradecida. ¡Oh, un tucán que se posó sobre el árbol de níspero! Manuelita y Bartolito, mis tortugas, que al reconocer en los cálidos rayos del sol la primavera anunciada, salieron de su tiempo de hibernación. Los azahares de los naranjos brillan, el perfume del jazmín. Aromas, colores. ¡La vida misma está aquí conmigo, despertando!

Prefiero abrazar los momentos

en que juntos compartimos el pan.

Patricia Rodríguez Cienfuegos

El paciente cero

Hay días que resulta insoportable cargar con ella, me asalta al abrir los ojos. La controlo con un ejercicio de gratitud. Él no la percibe, sale como siempre, confiado, sin darle importancia a lo peligrosa que se volvió su profesión. Aparece por la noche, recién bañado, exhausto y pensativo. Cena y conversa evitando hablar de lo que todos hablan. Muchos pacientes le han agregado canas a su cabeza, no le importa, ejerce su profesión con pasión y duerme con la paz que sólo da la satisfacción del trabajo realizado. Yo, insomne, velo por su sueño y agradezco por su vida.

Mi hermosa hermana

¿Regresará? Nunca debí dudarlo. La primera vez que se fue le hicimos una despedida; luego, se fue tantas veces, que aprendimos a vivir sin su presencia. Avanzó sin mirar atrás, sintiendo que nació en el país equivocado. Al emigrar encontró aceptación, teatro y al hombre de su vida. Con largas llamadas telefónicas compensa su ausencia. Regresó en ocasiones festivas, su boda, algún cumpleaños, Navidades, y a que naciera su hijo. Volvió por temporadas cuando mamá estuvo enferma, llegaba directo del aeropuerto al hospital y ahí permanecía. En septiembre, al marcharse, arrastraba su maleta. Imaginaba como sería regresar y no verla.

Prefiero tener hermanas que son amigas

y amigas que son hermanas.

Dogma de Fe

La siguiente vez será diferente, hablaré sin rodeos. ¿Cómo estás? ¿Tienes hambre? Debes de comer para estar fuerte. Ya casi te dan de alta. Ella me seguía el juego. *Hoy amanecí mejor. Cómprame el periódico. Se me antojan unas lentejas. Estoy bien, no tienen que estar conmigo todo el tiempo.* Me creí nuestras mentiras y pasé de la fe a la negación. Mis hijos, sus amados nietos, ya no querían ir al hospital, ella ya no era la misma. Dejé de llevarlos los sábados. Ellos sabían lo que se avecinaba. La siguiente vez, en un sueño, me voy a despedir.

Cuatro Paredes

Llegará antes de que me lo imagine, dicen que el oro está al final del arcoíris, pero estos días parecen no tener tanto sol. Extraño la emoción que sentía al entrar la luz por las ventanas de una casa que no me pertenecía. La luz que simbolizaba un nuevo día, una nueva aventura y una nueva experiencia que por siempre tatuaré en mi memoria. Viajar es el descanso del alma, la travesía física y mental, una nueva perspectiva de vida y una nueva cultura que adoptar. El mundo es grande, pero aun más grandes son las alas de mi espíritu.

Prefiero escuchar tu ronquido

que dormir en silencio.

Trayecto Travesía 2021

Aire fresco

La espera me está comiendo viva... pensé... y una mezcla de ansiedad, angustia y emoción me invadieron cada vez que llegó la instrucción para escribir de la semana, mi mente hurgó en la profundidad de mi corazón buscando esas experiencias escondidas, empolvadas, guardadas bajo llave con la finalidad de no ser compartidas. Junto con el encuentro de esas memorias aprisionadas apareció la duda: ¿será bueno sacarlas? ¿compartirlas? Con el pasar de las semanas fueron saliendo a tomar aire fresco recuerdos que parecían muy obscuros... y con sorpresa pude verlos claros y relucientes. Una valiosa oportunidad de crecimiento resultó esta travesía. *Mónica Espinosa*

La meta

La espera me está comiendo viva, el sin cesar del reloj me ensordece. Podrá ser un segundo, minuto u hora, pero las palabras llegarán. Siempre lo hacen. En algunas ocasiones serán lo que busco, y en otras me contradirán. Aún así, mi suceso favorito deberá ser cuando se independizan. Las letras se separan de mí, formando su propio camino, y por alguna razón desconocida logran escoger el correcto. Agradezco saber que puedo confiar en ellas, pues hay veces que no lo hago en mi cabeza. Sé que me seguirán guiando a la meta como lo hicieron desde ese primer diario. *Monica Sagastegui Roel*

Tempestad

La espera me está comiendo viva, condicionada, cual perro de Pávlov, espero a que den las 6:30 del miércoles. Entra el mensaje y en cuanto veo la frase inicial, mi cerebro empieza a acelerar, a revolucionar, se enciende y no se quiere apagar. Me viene una idea de repente, me mando un audio a mí misma, escribo en una servilleta, por el reverso del ticket del súper. Hago una nota mental: comprar una libretita para traer en la bolsa. Escribo, corrijo ortografía, leo, reviso ideas, cuento palabras, vuelvo a empezar. Cien palabras son muchísimas y demasiado pocas al mismo tiempo. *Patricia Rodríguez Cienfuegos*

Travesía TRES
Harmony

Águeda Cortés Treviño • Ángel Gomezgil Kuri
Araceli Tapia Heredia • Bea Janet
Celina Gutiérrez • Lizzeth Galván
Lucila García de la Garza • Lupita Iruegas
Maru Gracia • Maru Molina E.
Mayela Sepúlveda • Silvia Maldonado

Microrrelatos
encadenados 2021

Águeda Cortés Treviño

Sentimientos mezclados

Hay días que resulta insoportable cargar con ella... duda, confusión, incertidumbre. No sé si fue buena elección. No pude negarme. Quizás fue la expresión de sus ojos llenos de ilusión y un futuro prometedor con lo que él había soñado, me dejé llevar. ¡Aventuras, cambios, familia, buena fortuna! Voy de la mano de quien más amo, pero aun así hay sabor a soledad y miedo. A mitad de la noche suena el teléfono, escucho una frase terrible, mamá dio su último suspiro... No me despedí de ella. ¡Tristeza, dolor! Palabras resuenan en mi cabeza: ¿Y si hubiera elegido que no?

Camino al arcoíris

Una despedida que ambos sabíamos era para siempre... un lazo rojo nos une; me miras, sabiendo lo que te espera del otro lado de la habitación, no hay marcha atrás, estás sufriendo y mi corazón está partido en pedazos. La plancha fría, yo a tu lado, esperando que entre a tu sangre esa pócima que te hará dormir para ya jamás estar juntos. Todo lo que sabemos es que este amor fue mágico. Tu adiós, el último suspiro, concluye la vida. Tus ojos marrón viendo mi alma, tu pata en mi mano. La magia se queda, porque nunca se olvida.

Prefiero la primavera

que me dice que todo vuelve a empezar.

Claroscuro

Pude ver toda mi vida en sus ojos, ella la del espejo, me veía fijamente. ¡Oye, hoy cumples cincuenta y chorro de años! Arruga aquí, arruga allá, la ley de la gravedad alcanzó tu cuerpo. ¡Cada año la misma historia! El pasado suele ser intoxicante cuando viene de visita: alegrías, decisiones, miedos, ira, amor, desamor. La que está en el espejo duda, cree que yo era mejor antes, más feliz. ¡Ay no! De seguro es uno de esos días de introspecciones terapéuticas que hacen detenerte. ¿Sabes? Estoy bien, libre, acumulando años, pero transformada para integrarme en el todo que soy.

Conchitas de mar

Es la vida que me tocó vivir, me narraba triste y melancólica. En sus vivencias, siendo una niñita, sus días pasaban por todos sus sentidos: olían a brisa de mar, a canto de gaviotas, a caracolitos en sus manos, viendo el sol brillar... con un gran sabor a soledad y abandono. Algo se marchitó en ella, olvidó su vieja muñeca de trapo, los libros que le platicaban a diario, sus pasitos por la arena y un día marchó a construir la vida que soñó... Hoy la esperanza la arropa cada tarde de abril, con la promesa del sol de domingo.

Prefiero un viaje largo con mi compañero de toda una vida.

Ángel Gomezgil Kuri

Andorra

Hay días que resulta insoportable cargar con ella, con esa conciencia que me acompaña en mi viaje por Europa. Con esa profunda reflexión de los sucesos que me llevaron a partir, para reordenar mis ideas. Y de repente, en la estación del tren en Andorra, la veo. Una bella y joven mujer. Solos en un andén, esperando partir hacia Barcelona, nos miramos y de alguna forma nos acercamos, platicamos, esperamos muchas horas un tren rezagado y compartimos un viaje por los Pirineos. Un oasis de tranquilidad, unas cuantas horas de felicidad y una despedida que ambos sabíamos era para siempre.

Adiós al trovador

Una despedida que ambos sabíamos era para siempre, pero que decidimos callar. Un accidente me llevó ese día al hospital, el azar de un elevador equivocado me encontró con su mujer y el destino nos reencontró. Postrado en su lecho, sonreímos e implícitamente decidimos obviar la enfermedad. Recordamos las noches de bohemia, acompañados de un asado y vino. Las largas pláticas de los sueños de éxito. Evocamos las poesías de Linda y las canciones de la trova. Por un momento brilló en sus ojos el Enrique retador, creativo y alegre que conocí. Pero esa noche: el fin fue el principio.

Prefiero una cata antes que una jarra.

Prefiero la soledad que la falsa compañía.

Czestochowa

Pude ver toda mi vida en sus ojos. Mis padres recordando las alegrías que les di en la niñez y olvidando los sinsabores de mi juventud; mis amigos incrédulos por el suceso, por el rápido y repentino cambio. Todos ellos eran el recuerdo de mi pasado. Pero había un presente, que sucedía en una iglesia con un nombre impronunciable. Ahí estaban otros ojos, con la ilusión por compartir una vida, formar una familia, con un desconocido del cual se enamoró nueve meses atrás y todo concluyó con un simple ¡Sí quiero, dejar de ser yo, para ser por siempre: nosotros!

07:17:49

Es la vida que me tocó vivir o es el infierno de Dante. Camino por calles vacías, veo edificios destruidos, incendios, desesperación, rapiña. Caos total. Una ola de muerte cimbró a la ciudad. En pocos segundos conocimos el poder destructivo de la naturaleza. No hay autoridad: la ausencia del Gobierno es total. Y de repente surge el sentimiento de solidaridad: la gente se organiza y empiezan a rescatar personas atrapadas en los escombros, socorren al herido, tranquilizan a quienes sufren. Un pueblo recuerda la esencia de la palabra humanidad. Y dentro de mí surge un axioma: si sufres luego existes.

Prefiero el amanecer tranquilo,
que el anochecer embrutecido.

Araceli Tapia Heredia

Puerto de Ilusión

Hay días que resulta insoportable cargar con ella... esa melancolía que me remonta a momentos donde compartíamos en familia; cuando aún mi padre vivía, cada veinte días nos reuníamos con los primos. ¡Era el fin de semana más esperado! Compartíamos el fin de semana, pero lo más emocionante... la sobremesa... Totalmente enriquecedora, se hablaba de todo y de todos. Pasábamos vacaciones en el rancho de los abuelos; momentos extraordinarios, ¡inmortalizados!... Sin embargo, la vida y el destino nos puso en lugares diferentes, los fines se convirtieron en otras prioridades... Yo volé a La Paz. Puerto de Ilusión... ¡Jamás se repitió!

El Muelle

Una despedida que ambos sabíamos era para siempre, partir del Puerto de Ilusión fue realmente difícil... Sin embargo, cambiar de trabajo era una nueva oportunidad para mejorar nuestra calidad de vida, situación comentada a Luis, todo marchaba bien, nos ayudó con la mudanza, se veía emocionado y melancólico... Pues ama tanto a su hijo, que sabía que debía dejarlo partir... Nos vimos en el muelle, se despidió, se abrazaron; se dio la vuelta y se marchó... Comprendí que seríamos los mejores amigos para toda la vida... No hacía falta decir absolutamente nada... Tenemos un ser extraordinario que nos unirá eternamente...

Prefiero disfrutar y celebrar cada instante de la vida rodeada de mi familia.

Mi Ángel

Pude ver toda mi vida en sus ojos después de la entrevista, la charla, el café y que abriera la puerta del automóvil... supe que era el indicado, todo un caballero, inteligente, romántico, enigmático y cantante... me atrapó cuando lo escuché... esperé a que me propusiera que fuera su novia... nunca pasó... hoy tenemos una familia fenomenal y milagrosa. Llegó el diagnóstico de cáncer... Me ha enamorado en los momentos más críticos de la enfermedad. Agradezco a DIOS, la vida; al Universo que conspirará a mi favor... a Miguel Ángel su amor, paciencia y fortaleza... Ya me propuso matrimonio... acepté...

La Guerra

Es la vida que me tocó vivir... frase que Ana ha escuchado a lo largo de la vida, ella no podía conformarse con eso, tenía un diagnóstico de muerte, así que decidió aferrarse a lo que más amaba... ella misma y su familia, puso toda su voluntad para vencer ese terrible cáncer, el cual había comido parte de su cuerpo, su mente, su fuerza, sin embargo, no permitiría que se comiera su esencia, así que luchó y dio batalla hasta el último suspiro... no ganó la guerra, pero a la familia... la dejó impregnada de su esencia, amor, y fe...

Prefiero los labiales rojos que gritan: la pasión en la vida hace que la disfrutes al máximo.

Bea Janet

Déjala

Hay días que resulta insoportable cargar con ella, silenciosa rutina. Me ha marcado el ritmo. No tengo el coraje de dejarla, no cargarla y menos renunciar a ella. Regresa, y regresa la misma rutina en cada momento que inicio al despertar. Vibran en mí las ganas de cambiar y hacer otro camino a partir de este adiós a lo conocido que estaba acostumbrada a vivir. Los momentos de libertad cada vez son menos, la pandemia se encargó de eso. Silenciosa rutina tu peso envuelve mis libertades, mis emociones, mis sueños. Y sin libertad, la vida se va apagando pronto, rápido.

Mojar la vida misma

Una despedida que ambos sabíamos era para siempre les llegó, ahí suave en el sillón. Él mantenía la calma para reunir fuerzas y seguir hablando de todo y nada. Sus miradas se cruzaron y sin palabras las lágrimas salieron a mojar la vida misma, la había todavía. Quedaba lo más hermoso, el amor incondicional y profundo en un tiempo maravilloso. ¡Setenta años casados! Enfermos, sin cura se tomaron solo con el pulgar como siempre lo habían hecho, los rostros húmedos se unieron, en segundos la hermosa despedida. Durmiendo para nunca despertar. Lo sabían, con amor se vive y camina eternamente.

Prefiero caminar que parar.

Prefiero aire libre que encierro.

El golpe

Pude ver toda mi vida en sus ojos, al instante de abrir la puerta y recibir el arrebatado y fuerte viento. Cada uno del equipo buscaba escapar, todos luchando por regresar al sitio seguro, la balsa. Solo que no se veía y el huracán subía su rabia, completa sin tregua. Luis volteó a verme, ahí en esa mirada la vida entera: juventud, matrimonio, hijos, viajes, aventuras, sueños. Con el golpe de cada ola se esfumó todo. Sus ojos, nuestra vida. El tiempo siguió, la vida también. Ahora aceptar mi sobrevivencia es algo que vive y muere en mí cada día.

El Portón

Es la vida que me tocó vivir junto a muchos hermanos. Cada ranura del portón de madera se fue abriendo todos los años. Así también nuestras vidas. Fueron más de 30 años. Cada uno lo vio, lo empujó o cerró en su momento, con fuerza o sin ella. De todo se vivió en el interior, poco se dijo de las emociones, mucho de los deberes. Algunos nos preocupamos más por ser diferentes, otros no. Finalmente, sí se cerró. Dándonos cuenta que lo importante no era cerrarlo o abrirlo, sino lo que hacíamos adentro o afuera de nosotros en cada oportunidad.

Prefiero sentir el clima que quejarme de él.

Prefiero estar ahí cada semana.

Celina Gutiérrez

Su mejor obra

Hay días que resulta insoportable cargar con ella... llevarla de viaje no es viable. Recordarlo sentado donde siempre, pintando sus cuadros, los juegos de su infancia, su fantasía del color. En cada pared su obra, en cada puerta tulipanes y girasoles y en la cochera un mural del monte Sinaí. Siempre invento un espacio para pintar. En la noche, sentados en la terraza, un tinaco se convierte en un toro de lidia... en este nuevo trayecto, el olor del mar y las olas chocando contra las rocas me permiten disfrutar de lo más sagrado que juntos construimos: nuestra amada familia.

La flor de los cerezos

Una despedida que ambos sabíamos era para siempre... pensábamos que algún día llegaría ese triste momento de no volvernos a ver. Y llegó de repente y acabó con tu vida. Lo más triste es que yo había salido, no estaba a tu lado. No me siento culpable, tú preferiste quedarte. Traías en la mente pintar y así lo hiciste. Le dijiste a nuestra hija que colocara tu obra en la pared de nuestra recámara para que me sorprendieras a mi regreso. La flor de los cerezos me acompañará todas mis noches y todos mis amaneceres... hasta que volvamos a encontrarnos.

Prefiero que la mujer sea sabia para que edifique su casa y no necia para destruirla.

Antes de que salga el sol

Pude ver toda mi vida en sus ojos... cuando hay amor se dice todo lo que deseas con una sola mirada, ya que los ojos son el espejo del alma. Así como el espejo refleja tu rostro, también al ver los ojos de tu amado ves tu vida llena de momentos que nunca olvidarás. Recordar es volver a vivir. Cuando sus ojos me miraban, me decían te quiero toda la vida, desde jóvenes hasta la senectud... Nos amamos con el mismo amor que cuando nos conocimos. Nunca nos dormimos enojados. Siempre fuimos felices... Ámense antes de que salga el sol.

Alberto

Es la vida que me tocó vivir... Una niñez maravillosa en San José de la Popa, donde se respiraba el aire más puro, tomaba agua del manantial y comía lo que mi padre sembraba. Viví una adolescencia llena de momentos hermosos, en los Barrios del centro de Monterrey. Una juventud llena de pretendientes. Nunca me decidí por ninguno. La mayoría de sus nombres iniciaban con la letra A. Cuando conocí al amor de mi vida, salimos varias veces y nos hicimos novios. Me casé con él. Para mí fue Dios quien nos unió, no el destino. Su nombre es Alberto.

Prefiero ver un jardín lleno de flores.

Prefiero haber nacido en un pueblo.

Lizzeth Galván

Nervios y otros sentimientos

Hay días que resulta insoportable cargar con ella y otras veces mi alma ansiosa la necesita. En esa época estaba cansada de ella, rutina fiel amiga. Partir era algo con lo que soñaba desde pequeña, me despedí y subí a un avión. Nunca había vivido ese sentimiento, eran nervios puros. ¿Me habría equivocado? ¿Qué tal si grito y pido urgentemente que el avión no despegue y me dejen salir? Claro que no, sería muy cobarde de mi parte. Comenzaba el momento que tanto había esperado. Las posibilidades eran infinitas. Todo podía pasar y así fue, nadie lo hubiera podido imaginar.

Un milagro despistado

Una despedida que ambos sabíamos era para siempre, aunque buscáramos frases para engañarnos sabíamos bien nuestro destino. Conocernos había sido un milagro despistado. Platicamos toda esa noche y a diferencia de otros encuentros casuales, lo que desnudamos primero fueron nuestras almas. Ahí estaba, todo lo que alguna vez quise encontrar apareció en esa sala de espera, pero era tarde, los dos nacimos condenados a otra vida, una vida donde no existíamos como uno solo. Nos levantamos, un sentimiento agridulce se apoderó de mí, nos abrazamos. Nuestras miradas se cruzaron por última vez, pude ver toda mi vida en sus ojos.

Prefiero lo antiguo a lo moderno.

Prefiero la incomodidad, aunque me queje.

Flores de agosto

Pude ver toda mi vida en sus ojos, lo hacía frecuentemente cuando planeábamos nuestro futuro, pero una madrugada de agosto sus ojos se cerraron por última vez y ahí se fue una parte de mí. Llegó el fin de semana y el peso de la soledad cayó profundamente sobre mis hombros, esos sábados por la tarde no volverían a ser iguales. El día de mi boda no estaría ahí para brindar conmigo, no se convertiría en el padrino de mis hijos. El mundo seguirá girando, los demás nos haremos viejos, aun así, su mirada en nuestros recuerdos permanecerá eternamente joven.

Un "sí" que no pude dar

Es la vida que me tocó vivir, decía mi abuela al recordar su pasado. Era una tarde lluviosa, tomábamos café y platicábamos de la vida. Ella sabía que pudo haber hecho más, pero decidió dar su vida a otros, entre ellos, mi madre. No se arrepentía, al final le había dado una felicidad que no podía negar. Sabía que tenía que tomar una decisión tarde o temprano, sabía que ella podría ayudarme. Ese anillo nunca me perteneció, no había manera de engañarnos, no estaba lista y no sabía si algún día lo estaría; lástima, el blanco nunca fue mi color.

Prefiero tener cicatrices que me recuerden historias a una piel perfecta.

Lucila García de la Garza

Ascenso

Hay días que resulta insoportable cargar con ella, la empaqué temerosa; esforzarse para cargar la mochila de la "mujer prevenida..." ¡no es fácil! Los primeros pasos pueden ser soportables. ¡La cascada de Luz es maravillosa!, me digo cuando olvido que el peso de la mochila ¡ni es mío! ¡Sólo un paso más! Es mi mantra. Exhausta de cargar aprendizajes previsores dejo caer la mochila a la orilla de la vereda y misteriosamente vuelve a aparecer en mi espalda. Soltar y confiar resulta ¡una decisión perturbadora y maravillosa! Recordar, ver, escuchar y sentir a compañeros de trayecto siempre me hace sonreír.

Martes

Una despedida que ambos sabíamos era para siempre... "¡¿Ess neeeta?! ¿Te despidieron del trabajo?"... Verme en la transparente firmeza de su mirada me lo confirmó; un sorbo al Chai y una cucharadita al cremoso brownie me endulzaron el momento y pude preguntar: ¿cuándo te vas? "El lunes inicio en una empresa japonesa, ¡ya me esperan!", respondió aliviado... como en un cortometraje recordé momentos felices junto a él en ésta y en "otras vidas"; nos despedimos con un fuerte abrazo y un tímido beso en una tarde de marte... esos días de la semana en particular no me gustan, punto final.

Prefiero la luna y sus cíclicas fases.

Prefiero la "comida de pueblo".

Un día

Pude ver toda mi vida en sus ojos... conmovida y aún incrédula pensé: "a lo que sigue", a disponerlo todo para su funeral... Con calidez del corazón, al fin pude poner en palabras lo que sentí al despedirme: Bendigo tu inocente bondad, tu sentido común, bendigo tu entusiasmo, tu alegría, tu fortaleza, bendigo tu salud y tus enfermedades y hoy toca bendecir tu ausencia. ¡Yo te bendigo! Y me siento bendecida por tu presencia en mi vida... Aún de madrugada, llorosa calcé mis pies, el resto del día lo pasé sonriendo y retocando mi maquillaje... como otro día cualquiera... "cumpliendo".

Mi otra familia

Es la vida que me tocó vivir entre maravillosas palabras como: proscenio, sonorización, ensayo final, partitura, vestuario, utilería, tras bambalinas, traspunte, pantomima, escenografía, desplegado, iluminación, oboe, "primera llamada"... Una vida entre la fantasía y la crudeza de la condición humana en cada montaje o puesta en escena, al menos uno semanal, y de encore el haber sido parte de una numerosa familia de talentosos en diversas disciplinas y distintos temperamentos; siendo tan grande como el éxito del trabajo de todos juntos y tan pequeña como el diseño de un octavo de página para la sección Gente del periódico El Norte.

Prefiero cuidar a sentirme cuidada.

Prefiero "pensar bien"... aunque me equivoque.

Lupita Iruegas

Nuri

Hay días que resulta insoportable cargar con ella... Hay muchos días, pero ni cómo decirlo, ¿estaré loca? La amo demasiado. Dios la puso en el camino de mi vida. A pesar de pasarse todos los días sentada, haciendo cosas que jamás imaginé que hiciera: cantando, bailando, hablando, escribiendo, dibujando, pintando... Acariciando la vida, amando la vida, planeando y diseñando su otro día; a pesar del COVID, del calor, del frío, del encierro, de mi mal humor o mis ganas de no hacer nada; accediendo hacer lo que yo quiera. Está dispuesta a sonreír, a vivir y a ser feliz.

El último instante

Una despedida que ambos sabíamos, era para siempre... Ahí estaba viendo cómo partías; incluso facilité para que te fueras, me despedí y te dije: "Sigue la luz y agárrate de la mano de Jesús. ÉL es pleno de misericordia". No hubo llantos ni gritos, solo paz y una vela encendida. En tu cama, en tu cuarto, rodeado de las dos personas que amaste más; un suspiro, un estornudo. Cerraste los ojos y te quedaste dormido. Te susurré al oído: "pórtate bien, no des lata, disfruta tu viaje y la estancia". Nunca entendí cómo pude saber que ese era el final.

Prefiero las plantas al concreto.

Prefiero creer.

A través de tu mirada

Pude ver toda mi vida en sus ojos... Sabes que no realizo las cosas que una persona normalmente hace. Te aferras a que las haga; me esfuerzo, las hago como puedo: rompo, tiro, desacomodo, armo un batidillo. Pero lo hago. Quieres que hable y me dé a entender para tener una plática "normal"; me corriges constantemente, me hartas, no entiendes, yo sí. No soy igual a nadie. Así me quiero, así soy yo, así nací, me dijiste y lo creí. No busques lo "normal", no esperes más. Crecí y sigo siendo un desbarajuste; es la vida que me tocó vivir.

Facetas de mi vida

Es la vida que me tocó vivir... No me ha sido sencillo. Pensé: "te casas y felices para siempre". Pero tener una hija con Parálisis Cerebral Infantil a la que hay que enseñarle TODO, no ha sido nada fácil. Su cerebro recibe señales demoradas. El día que me dieron la lista de todo lo que tenía que enseñarle, me pregunté: "a qué hora voy a dormir, a comer, a vivir", y entré en un torbellino del que no he logrado salir en 40 años. Esta es mi vida, y desde mi posición me parecía fácil la vida de los demás.

Prefiero un pueblo a la ciudad.

Prefiero rezar.

Maru Gracia

Mártires de Fundidora

Hay días que resulta insoportable cargar con ella, una nostalgia de tantos años que nunca terminará por acomodarse. No te preparé lonche, no te despedí en la puerta como tantas mañanas de noviembre. Jamás regresaste. Los titulares de los periódicos te incluían en una fatídica lista de dieciséis destinos truncados. La Fundidora de Monterrey siguió trabajando, mi corazón se detuvo y jamás logró entender lo que sucedió. No recuerdo con quién dejé a nuestra pequeña hija que sostenías en brazos el día anterior. Cuando vi descender tu féretro, solo deseaba poder despertar y obligarte a no ir ese día a trabajar.

Soledad

Una despedida que ambos sabíamos era para siempre, reposabas tus casi ciento un años y un eminente neurólogo, que no quitó las llaves de sus manos para revisar tus pupilas, dijo que ya no tenías ningún signo. Sólo respirabas. Yo te hablé como todas las tardes de mi infancia. Abriste los ojos. Me declararon loca. Entonces te conté la historia de aquella mujer de pelo cano y arrugas sobre las arrugas que se casó con mi bisabuelo, inmortalizada en la frase: y decían que me iba yo a quedar. Abriste de nuevo los ojos para confirmar que habías estado ahí.

Prefiero las mentes complicadas y llenas de dudas, a aquellas que dicen: soy tu espejo.

Octavio

Pude ver toda mi vida en sus ojos, en esa mirada triste como presa de un existencialismo absoluto. Una cabeza llena de preguntas sin respuestas. La persecución de todas sus obsesiones. Me vi abandonada en un país lejano, renunciando a lo que más amaba y amo, mi familia; vi a mi madre morir sin tenerme a su lado y a mis sobrinos nacer sin poder abrazarlos. Habíamos crecido y un abismo enorme nos separaba. Tú, apenas despierto evaluabas caminos. Yo, en la última de mis reencarnaciones. Te dije no, porque si tengo un hijo, ya no retornaría a este mundo.

Terán

Es la vida que me tocó vivir y aprecio cada trayecto caminado. He recorrido varios continentes, subido montañas, cruzado el mar, el desierto; he andado por la nieve, la lluvia y el granizo que mata. He vivido en el campo, y conozco de sequías. He volado y me he dado contra la banqueta. Me he enraizado a Dios en todas mis travesías. He visto morir a mis amigas, a mis ilusiones, a mi madre. He soltado gente tóxica. Sé perfectamente donde están mis afectos. Y así vaya o venga, suba o baje, nunca olvidaré el camino para regresar a casa.

Prefiero caminar en tenis y sin maquillaje,
a perder el tiempo colocándome una máscara.

Maru Molina E.

Fucking Pandemia

Hay días que resulta insoportable cargar con ella, aún me asombro. Las frases se han acortado para traducirse en tantas miradas, quizá perdidas en recuerdos de una vida mejor. Ahora imagino sonrisas y muecas maldiciendo. El refugio que resultaba de un abrazo, tan cotidiano, tan calentito, ahora es casi un acto de valentía que se tiene que dar en la obscuridad. El cielo sigue siendo esperanzador pero el aire, pesado como la incertidumbre, la pérdida, la mala sorpresa, provocado por un ente tan atrapable como Houdini, es peor que deshojar una margarita esperando a que termine en un "me quiere".

Lo Fugaz

Una despedida que ambos sabíamos era para siempre, como un inicio de la nada o algo que prefieres no analizar. Mi mirada fija en los recuerdos que danzaban con nuestra música favorita parecía no ser suficiente para que se quedara. Nuestras risas matraqueras ahora eran un tenue esbozo ante la presencia de los demás. Las conversaciones se convirtieron en memes y likes. Pero las caricias fueron tan auténticas que flotaban lo suficiente entre nosotros para no hacernos daño. Confieso que en momentos me sentía pesada pero aun así era el adiós más perfecto. Así que, tuve que encapsular ese amor.

Prefiero sirenas en mi cabeza
que el insomnio con moscos.

Despertar

Pude ver toda mi vida en sus ojos, sus expectativas, como si me hubiera elegido la guardiana de un anhelo. Me sorprendí de que un espacio tan pequeño guardara tanto. El sacrificio, como los ladrillos de la realización. La esperanza, tan frágil y bella como las alas de la mariposa. El amor, tan profundo como el miedo... quise esquivar la mirada, sentí que yo lo había provocado, en parte así fue. Nadie te enseña a ser papá. Decidí aceptar y respetar para poder trazar el mapa desde una mirada más amplia y, con pies llenos de gracias, andar más ligera.

Trayectos

Es la vida que me tocó vivir, dijo ella, suspiré y me rehusé con la cabeza, me había visto tantas veces en ese espejo tan reducido y lleno de excusas. Con la tranquilidad que te da la edad, caminé hasta la ventana dejando casi toda la frustración en ese cielo tan desigual como los momentos de la vida. He aprendido que, si bien algunas cosas suceden "sin permiso", uno decide cómo caminar, abrazar, aceptar y soltar las situaciones y sus personajes. Los trayectos se recorren con los sentidos y un raspón es inevitable, como también es inevitable disfrutar el paisaje.

Prefiero mi espada en la mano

que caminar de puntitas.

Mayela Sepúlveda

Esperanza

Hay días que resulta insoportable cargar con ella. Eso era lo que pensaba cuando imaginaba mi vida sin mi madre, después de que la diagnosticaran con cáncer. Era insoportable pensar que ya no tendría esos abrazos que consolaban las penas más hondas. Los últimos días fueron tristes, pero a la vez llenos de cercanía y amor. Estuve con ella hasta su último aliento. Nada te prepara para ese momento. Abandonó este mundo hace cinco años. Ahora vive en mi corazón, y ocasionalmente en mis sueños. Me hace mucha falta, a veces más de lo que yo misma me doy cuenta.

Corto el amor y largo el olvido

Una despedida que ambos sabíamos era para siempre me persiguió por varios años en mis veintes. Era mi segundo amor y le lloré como si fuera a ser el único. Por meses aún recibí varias cartas que me hacían dichosa y desgraciada a la vez. Así que un día con gran pesar decidí pedirle que no me escribiera más. Ni él iba a regresar a México ni yo iba a ir a Bolivia. En su última carta me deseó una buena vida y se despidió con un "no te olvidaré". Bien dicen que amar y sufrir son la misma cosa.

Prefiero la sonrisa de mis hijos.

Prefiero la complicidad de Marcial.

El año cero

Pude ver toda mi vida en sus ojos, y el anhelo más esperado de mi existencia hecho realidad. Es increíble que se ame en un instante a un ser humano que apenas se ha visto unos segundos. Cuando lo tuve en mis brazos se me desbordaba el corazón. Era un bebé níveo, ligero de cargar y facciones de ángel. "Ya nunca vuelves a dormir igual", decían. Ser madre no es nada romántico. Ese día no solo nació mi primer hijo. Nació una nueva mujer que yo misma desconocía. La mujer más feliz y preocupada de la existencia, esa era yo.

La vida ES y así la abrazo

Es la vida que me tocó vivir. Eso pensaba antes de que se iluminara mi entendimiento sobre la vida y sobre mí misma. Hoy añado: es la vida que me tocó vivir y la abrazo un día a la vez. Abrazo el pasado con mis amores tormentosos de juventud, perder a mis padres, mi feliz matrimonio ya de 16 años, ver crecer a mis hijos, la enfermedad de mi pequeña. Y tantas cosas bellas. Y tantas tan terribles. Es la vida que me tocó vivir. También es la que he elegido vivir. Y quiero que sea la vida que amo vivir.

Prefiero la vida como ES, aún con las tragedias que forman parte de ella.

Silvia Maldonado

Me persigue

Hay días que resulta insoportable cargar con ella y por más que lo intento, dejarla en el olvido parece imposible, esa constante e incesante culpa, me persigue. Conoces a alguien, te enamoras y así de fácil, decides compartir tu vida con él. ¡Parecía tan sencillo! Y yo que pensaba que era para toda la vida... Heme aquí cargando con ella, la bendita culpa. Una mala elección de pareja es decisión de la que no hay retorno... una vez que te equivocas, ni cómo remediarlo. ¿Y sabes? Lo peor no es eso, lo peor es cómo no temer nuevamente al amor.

Orfandad

Una despedida que ambos sabíamos era para siempre, así fue aquel domingo en el parque, aquel que tantas veces caminaste para ir a la iglesia, pero esta vez, la razón fue un poco despedirnos y otro tanto pedirle a Dios que no sufrieras. Maldito cáncer... se estaba llevando tu cuerpo y de paso, lo mejor de nuestra infancia. Empujamos tu silla de ruedas. "Quiero entrar en la iglesia", murmuraste. Frente a aquella cruz con todo el dolor de mi alma, le pedí a aquel señor en lo alto, que no sufrieras. Me escuchó, 15 días después, habrías partido para siempre.

Prefiero la experiencia de mis años,

a la juventud sin consciencia.

Reflejo

Pude ver toda mi vida en sus ojos cristalinos, sin vida, quería encontrar el reflejo de lo que un día fui, de mi infancia, de mi historia junto a ella, pero su mirada inerte ya no me podía responder, aun cuando yo todavía podía verme en sus pupilas, vacías de ella, llenas de mi necesidad de volverla a ver. Escuché un murmullo cerca de mí que no logré distinguir, entendí que era tiempo de dejarla ir, le di un beso en la frente, volví a buscar su mirada para cualquier señal de vida, pero esta vez... sólo encontré mi dolor.

Si tan solo...

Es la vida que me tocó vivir, con todo tipo de matices, sin poderla maquillar, las pocas veces que lo intenté, sólo conseguí cubrir algunas manchas, y nada más superficial que tratar de aparentar lo que no era. Qué trabajo me costó, y a final de cuentas, descubrir que a nadie le importa cómo vive el otro, cada cual está metido en sus historias, intentando avanzar. Sí, esta es mi vida, con mis vivos, mis muertos, mis fracasos, mis amores, mis decepciones, mis risas; si tan solo lo hubiera descubierto antes, cuando aún era joven... caray, tanto tiempo que perdí.

Prefiero las hojas de un libro que la tecnología.
Prefiero las artes que las ciencias exactas.

Trayecto Travesía 2021

Primer trayecto

Tanto tiempo que perdí, ¡¡¡estuve dormida!!! Ocupada de todo... de todos. Sorpresivamente salí del profundo sueño para volver a mí, ¡a bordo de Harmony en una travesía a través de recuerdos!, sentí, como antiguamente de regreso de la vacación, se revelaban los rollos de película para luego ver impresas las fotos tomadas... a ver, ¿cuál salió bien? ¿Cómo estoy hoy? Pregunta a la que tristemente a veces no tengo respuesta; al atreverme a escribir, por tanto, a recordar, ordenar y poner en palabras distintas situaciones autobiográficas que hicieran algún sentido con las frases iniciales fue como cosechar lo sembrado. ¡Gracias! *Lucila García de la Garza*

Mi mano

Tanto tiempo que perdí descifrando miradas, balbuceando un te quiero, garabateando una idea. Tanto tiempo que perdí caminando en círculos, imaginando un encuentro, poniendo un punto final y muchos suspensivos en el aire. Tanto tiempo que perdí haciéndome chiquita, construyendo monumentos de vapor, quedándome un metro atrás, apretando los puños de rabia. Tanto tiempo que perdí, tímida de la extensión de mi cuerpo que baila al son de mi alma, que relata lo que mi corazón calla, que descansa y camina en las palabras. Tanto tiempo que gané al desenmarañarme amorosamente de una y mil formas en esta travesía inesperada. *Maru Molina E.*

Una nueva Mayela

Tanto tiempo que perdí y que desaproveché al no darme el tiempo de escribir. En Travesías me hice el tiempo y se hizo la magia. Este viaje ha sido otro escenario más para encontrarme a mí misma. Parí con dolor algunos de los microrrelatos. Hubo nudos de garganta, lágrimas y pesar. También sonrisas y nostalgia. Ha sido una bella experiencia. Me llevo el convencimiento de que hacer el tiempo para escribir vale toda la pena. Al llegar al puerto me he encontré a mí misma, pero veo que soy otra. Una más compasiva conmigo. No quiero olvidar esa nueva yo. *Mayela Sepúlveda*

Travesía CUATRO
Libertad

Alice Rodríguez • Conny González
Gabriela Chapa • Gloria Cavazos
Isla Gabriela • Lidia Villarreal
LIL Tale • María Boer
Mónica C. Rodríguez Zorrilla • Mónica Pfeiffer
Pedro Gómez Elizondo

Microrrelatos
encadenados 2021

Alice Rodríguez

Insustituible

Hay días que resulta insoportable cargar con ella, y no es razón de peso, porque soy fuerte y tengo condición. Simplemente no se puede. Llega, se mete por la más pequeña de mis fisuras y se instala a mi lado. Me escucha. Me aconseja. Adormece mi dolor. ¿No se suponía que íbamos a envejecer juntas?, ¿no se suponía que con tenerla de amiga debía ser más que suficiente? Cubría toda carencia. El 3 de febrero, el año ya era demasiado largo, doloroso... tocaba replantearnos la vida sin ella... un ser humano tan grande que cabe en una sola palabra: insustituible.

Junia

Mejor me quedo en la tranquilidad de la espera... me siento en la banqueta a ver pasar a los que han sido un solo capítulo en mi vida, un autobús tomado por error, una estación de tren de paso y a los que he amado demasiado y no regresarán. Observo a esas velas con aroma, que aún encienden mi existencia y que eternamente permanecerán. Espero a Julia, que nació en junio, callada y sonriente. Mi novedad es su ausencia. Mi plan, encontrarla en otra vida y morirme primero... Su sombra me consuela, calma mi locura. Me aferro a su recuerdo.

Prefiero caminar descalza

sobre la arena del mar.

Dónde están tus piecitos

Debo descubrir urgentemente para qué estoy aquí... y ahora resulta que lo debo descubrir sola. Ya no estás al otro lado del teléfono para juntas intentar componer nuestro mundo, para vivir con prisa, para atropellar con tu silencio mis palabras. Ya no estás en el mensaje de todas las mañanas, el abrazo de consuelo, el cigarrillo imaginario... Las flores de frutas, los juegos de vóleibol, el impulso a intentar o el peor de los consejos. Te llevaste todo... menos mis libretas de escritura que te heredé porque sabía que no te atreverías a leerlas. Dime ahora... a quién se las dejo.

Págame el cartón

La vida es solo un momento, así me lo enseñaste. Cuando te mandé el primer mensaje de año te dije: sobrevivimos al COVID 2020, respondiste el 2021 es tuyo, te quiero. Solo mío... Te excluiste... Luchaste veinticuatro eternos días, mientras los que te amamos hacíamos más de lo que estaba a nuestro alcance. Yo, despertaba pensando en plasma dirigido, dormía con una oración en la mente y otra en el corazón. Compré un cartón de cerveza para una mujer que tenía contacto con el banco de sangre. Sabes bien que no pago vicios... Deseaba con toda mi alma podértelo cobrar.

Prefiero que los libros me alcancen.

Prefiero lo perfecto de la imperfección.

Conny González

Camino

Hay días que resulta insoportable cargar con ella, en ocasiones aprieta mi corazón hasta casi romperlo. Hoy la tristeza se ha subido a mi vagón, pretende ser mi compañera de viaje. Yo no la conocía, bueno, la había visto de cerca pero siempre pasaba de largo. Hoy se ha instalado a mi lado. Cada vez que la veo, sonríe y abre un estuche gris donde me muestra mis vacíos y de vez en cuando abre uno rosa donde me permite ver mis posibilidades, pero lo cierra casi de inmediato. Transfórmame te lo pido, ayúdame a encontrarme porque me he perdido.

Señales

Mejor me quedo en la tranquilidad de la espera. Soñando con el momento en que nos reuniremos de nuevo, tenemos tantas experiencias que contar, así como lo hacíamos antes. Aquella pequeña pluma blanca que cayó frente a mí fue la prueba contundente de que me escuchas. Pero yo no sé si te escucho o te imagino. Tú vives en un mundo sutil y yo en uno denso. ¿Será como el día y la noche?, ¿como en los eclipses que se pueden unir en algún punto? Sin respuestas, me detuve a respirar. Voy a continuar el viaje con las heridas abiertas.

Prefiero pensar que las verdaderas revoluciones empezaron con pequeños cambios.

Vida

Debo descubrir urgentemente para qué estoy aquí y dejar de pensar que este es un sueño y que todo está fríamente calculado. A veces siento como si caminara en círculo, como si la brújula se hubiera descompuesto. Y recuerdo que hay un plan para mí, lo creo y espero que tenga un gran final. Por eso me entrego todos los días al flujo divino tratando de cooperar, de vivir bien para morir bien. De una manera plena y consciente poniendo mis dones para el servicio de los demás. Creo que así es el juego, con escasas reglas, pero muy claras.

Suspiro

La vida es solo un momento, uno que se graba en la eternidad. Un viaje que seguro decidí hacer previa negociación con lo divino, que empezó desde el mismo día que nací, cuando iba a la escuela, cuando me enamoré tantas veces, cuando hacía planes que llenaban mis ojos de luz. Nunca me cuestioné lo breve que puede ser, y la he vivido como si fuera eterna. Hoy me gusta mirar atrás de cuando en cuando y apreciar con amor la suma de mis momentos que son un regalo vital de Dios. Un viaje, un camino lleno de matices maravillosos.

Prefiero las miradas largas de esas que cuando hay amor exhiben el alma.

Gabriela Chapa

Incómoda compañía

Hay días que resulta insoportable cargar con ella, pero ya estaba escrito. Es fastidioso vivir a su lado y es que la tengo pegada a mí, no hay forma de escapar. A pesar de ser escurridiza. La descubrimos cuando yo tenía 12. Mucha gente pasa por lo mismo, ¿sabías? A simple vista no tengo nada, pero los síntomas se hacen presentes, entre la pesadez que da y el mal humor hay días en que no quiero nada. El recordatorio de que está ahí es tomar la pastillita cada mañana. He aprendido a sobrevivir, es difícil, me gustaría poder decirle adiós.

Ya no más

Mejor me quedo en la tranquilidad de la espera de un nuevo amor. Un amor que me ame sin condiciones, un amor suavecito, que no duela, que me sume en lugar de restarme. Merezco vivir tranquila. Estoy cansada de esperar a que cambies y de falsas promesas. Crees que me tienes segura, pero hace mucho tiempo nuestro amor está sufriendo porque no das nada. Soltar es difícil, pero quedarse toda la vida en un lugar doloroso es insoportable. No voy a llorar ni esperar un día más, hoy decido ser feliz. Quiero decirte que se acabó, me voy a ir.

Prefiero cuidar a mis sobrinos
que la idea de tener hijos propios.

Encontrar el camino

Debo descubrir urgentemente para qué estoy aquí... suena constante en mi mente. Todos hemos tenido esa intriga. No siempre veo claro el camino, pero por algo estamos aquí. Aunque estando en los veinte siento que la vida se me va y que no logré nada. He llegado a creer que sería mejor si yo... pero ¿de verdad valdría la pena? Si pasara hoy, me asusta decir que mi vida no hubiera significado nada. Sobre pensar las cosas siempre hace daño. Podemos ser todo lo que no nos atrevemos a soñar. Que nada te detenga, la vida es solo un momento.

Duelo

La vida es solo un momento... el 2021 me hizo volver a entenderlo y apreciar las cosas más simples. Este virus nos arrancó a personas valiosas, qué dolor se siente no habernos abrazado más la última vez que nos vimos. Me han dicho que esto nos dejará un aprendizaje, pero dime ¿cómo se aprende entre tanto dolor? El duelo es un proceso lento, cada quién lo vive a su manera. Yo debo admitir que sigo llorando algunas noches. Están constantemente en mi mente, me hacen falta. Visítenme en mis sueños, para decirles "te quiero" y abrazarlos fuerte por última vez.

Prefiero que me regalen dinero a que me den algo que podría no gustarme.

Gloria Cavazos

La carga

Hay días que resulta insoportable cargar con ella, pero es de primera necesidad, estrenas en cada temporada y la cambias para complementar el look. Siempre tiene muchas cosas y es pesada. ¡Pero es una locura no cargarla! Casi está toda mi vida dentro de ella, las cosas para maquillarme, mi agenda, unos dulces, gel antibacterial, celular y la cartera. Siempre hay una bolsa para cada estilo de mujer, de diferentes diseños y texturas, grandes y chicas. Hay bolsas para toda ocasión, las de boda, de coctel, de diario, de playa, para libros... No importa cuánto pesa, siempre son indispensables.

Te amo

Mejor me quedo en la tranquilidad de la espera, aquí te estoy esperando amor mío a que me invites amarte. Quiero conocerte, entrar en tus pensamientos, saber de tus fragilidades y de tus éxitos, soñar contigo el camino que elegimos, para unirnos en un solo corazón. Enséñame a amarte, amor mío, con tus dulces besos, que cuando tocan mis labios, se funden mis pensamientos. Qué bonito es tener en mi pensamiento a un hombre que me hace sentir amada. No solo en pensamientos, también en la realidad, quiero estar contigo por toda la eternidad, iluminemos al mundo con este amor.

Prefiero creer en Dios.

Prefiero la compañía de mi familia.

Hasta en las malas me va bien

Debo descubrir urgentemente para qué estoy aquí... más bien es descubrir todas las oportunidades que tenemos, y ya encontradas, poner a disposición del mundo las facultades que tenemos como personas. También vinimos a ser felices en todas las circunstancias; no quiero decir con esto que siempre tienes que estar happy, pero hasta en los acontecimientos más difíciles e incómodos trato de descubrir la manera de aprender a estar mejor. Uso mucho estas frases: "hacer de lo ordinario algo extraordinario". También esta que me encanta: "hasta en las malas me va bien". Da resultados; inténtalo y verás que es muy fácil.

María batalla mucho en levantarse

La vida es solo un momento, el tiempo pasa muy rápido. María batalla en levantarse pero tiene que ir a la escuela. La mamá, preocupada porque se le hace tarde, la llama varias veces hasta que María aparece en la cocina para desayunar; la mamá le aconseja levantarse temprano para que no esté acelerada y le dice que pronto llegarán las vacaciones y podrá dormir todo lo que quiera. En el trayecto a la escuela, María le dice a su mamá que ya se va a levantar temprano para tener más tiempo para jugar con sus amigas en la escuela.

Prefiero caminar al aire libre.

Prefiero a la gente que no es complicada.

Isla Gabriela

Nostalgia

Hay días que resulta insoportable cargar con ella; otros, ni la siento. Ayer emprendí el vuelo, me dolió demasiado, dejarte fue la parte fácil, la ilusión de lo nuevo siempre ayuda, pero dura poco, un año, tal vez dos y de nuevo la rutina, la abrumadora rutina que no te deja mirar más allá, que te satura, esas tareas repetitivas que crees amar y terminas pateando; así de una patada quiero llegar al otro lado, el abismo parece pequeño pero, es pronunciada la caída y me da miedo, mejor no salto, mejor me quedo en la tranquilidad de la espera.

El Almanaque

Mejor me quedo en la tranquilidad de la espera, la absurda espera, esa que combinada con vino sosiega, y revuelta con enfermedad aturde. Y así pasaron los días, primero locos y creativos, después depresivos y temerosos, hasta que se volvió rutina y siguió la espera, la perturbadora espera; navegué en la incertidumbre, recorrí la hostilidad, ya no conté los días, los interminables minutos, no quise enloquecer, no quiero claudicar, pisaré suelo desconocido, con miedo a fallar, con temor a no encontrar; mas ya no puedo esperar, hoy tengo la oportunidad de avanzar, con los ojos abiertos y sin mirar atrás.

Prefiero los colores del verano,

que me provocan estar en constante movimiento.

La Ola

Debo descubrir urgentemente para qué estoy aquí, ¿estaré de paso o será residencia permanente? Crecimos con el "para toda la vida" tatuado, pero la vida cambió, o aprietas el paso o te revuelca. Decidí quedarme, aprendí nado de supervivencia, fui "salvavidas" por elección, experta en sortear olas, remé contra corriente, llegué a la isla prometida; un paraíso verde y respiré, cedí el control, pensé; ¿qué puede fallar?, me toca a mí, me dejé llevar, mas no avanzó, ¡fue solo intención! Pero mi turno llegó; el remo lo llevaba yo, hoy la brisa del mar me arrastra, tomaré la siguiente ola.

Ego

¡La vida es solo un momento!, le grité, mas repetía la misma cantaleta, ensimismada en sus palabras, presa de sus pensamientos. La paciencia se me agotaba, mi cara tiesa, los ojos duros, la sangre ardiente, sentí ganas terribles de estrujarla, de levantarla de su letargo, de que entrara en razón, mas quién soy yo, mi ego me traicionó. Hoy entiendo tantas cosas, soy afortunada de que la muerte no se ha posado a mis pies, aunque a veces brincan cruces negras en mi camino, tan solo para recordarme el quizás; en ocasiones la benevolencia tiene sus consecuencias, es mejor callar.

Prefiero la sensación de libertad

que experimento al nadar.

Lidia Villarreal

Reconciliación

Hay días que resulta insoportable cargar con ella, pero la llevo a todas partes, la llevo a cuestas o la llevo en rastras, sin poder soltarla o perderla en el camino, su peso me aprisiona y me sofoca. Ahora el cansancio me detiene, y en la banca de la vida reflexiono: ¿Y, si la he de llevar conmigo siempre? La tendré entonces presente, caminaré a su lado siempre, aprenderé a amarla, y cuando finalmente nos fusionemos siendo una, ella será tan bella, que no habrá sospecha alguna que es mi sombra que se adhiere a la luz que me ilumina.

Contigo

Mejor me quedo en la tranquilidad de la espera, decido esperar, que las gotas de lluvia se deslicen por la ventana; esperar, que la luna cubra con su sueño mis pensamientos y mientras espero, descanso mi mano en la suya como deteniendo el tiempo. Recién iniciaba mi turno, él, asistido por un respirador con su cuerpo agotado, y esperando... no sé qué, esperamos juntos; una inquietud lo hace moverse con queja, abre los ojos, gira la cabeza y con el último aliento, se marcha; con un beso cerré sus ojos y yo aún sujeto su mano y él la mía.

Prefiero callar para escucharte
que hablar para halagarte.

Reencuentro

Debo descubrir urgentemente para qué estoy aquí, un frío me corre por la espalda mientras parada frente a la ventana de la oficina observo el río de coches que corren de un lado al otro apresurados, el tiempo en mi piel marcando los meses y los años, mi mano sujetando el teléfono; de pronto mi pensamiento se detiene, la mirada se desenfoca, y el movimiento de la ciudad parece detenerse también, al encontrar mi imagen reflejada en el cristal de la ventana, desconozco por instantes mi silueta, el reencuentro era inevitable, sabía que un día sucedería, somos tan diferentes ahora.

Deseo

La vida es solo un momento, con el tiempo lo entendí, justo cuando decidí verte a los ojos, me vi en ellos y entonces descubrí que, cuando te miro, me enamoro más de mí. Me atrevería a mentir... ¡que el pasado y el futuro no existen, que es puro souvenir, que es mercadotecnia, que es un intento por destruir...! el momento que te abrazo, ¿acaso no lo puedo asir? No sufro ya por tu ausencia, pues suelo discernir, que mi vida la sujeta el loco momento de existir, y no un abrazo ni un beso, que me muero por sentir.

Prefiero ser un recuerdo
para permanecer a tu lado.

El Reflejo

Hay días que resulta insoportable cargar con ella. Tan apática, ermitaña, llena de juicios y críticas. De un día para otro se metió en mi vida, y no dejó espacio para nadie más. Yo pensaba que su presencia sería pasajera pero su impactante personalidad sugería que su estancia sería cada vez más permanente. Llegó sin avisar y se apoderó de mi vida social, mi estado de ánimo y mi esencia. Y yo, cual veleta, me dejé llevar por ella. La soledad diariamente se sienta a mi lado, me muestra un espejo. ¡Quiere que me parezca cada vez más a ella!

Dudas

Mejor me quedo en la tranquilidad de la espera, aguardando con la puerta entreabierta para ver si algún día consigo que de tanto pensarte la cruces, y traigas contigo todo lo vivido. ¿Y si mejor te traes algo de mala memoria? Y así empezamos de cero, pero solo en los amargos recuerdos. ¿Seré capaz de separar la esencia del eneldo? Estoy tan confundida que no decido. No sé si prefiero que llegues escurridizo como un pez, o entres por mi puerta con pasos de elefante. Incluso, no sé si quiero que llegues. Mejor, me quedo en el alboroto de marcharme.

los tonos intermedios me dan miedo.

Prefiero una discusión con pasión,

376,680 horas

Debo descubrir urgentemente para qué estoy aquí, sentado, apático, encadenado a una rutina por seguridad. Oyendo las teclas de los ordenadores como pasos de miles de enanos que van y vienen. Y el timbre de los malditos teléfonos que se ponen de acuerdo para sonar todos al mismo tiempo. Pasos ligeros y otros firmes, decenas de voces. De repente, ya no oigo nada, siento mis dedos moviéndose, tengo la mirada fija en un rectángulo no mayor a los 30 cm de alto, mi cara está iluminada, el tiempo transcurre lento, pero mi vida va en la carrera de 100 metros.

Life is a Box of Chocolate

¡La vida es solo un momento! ¿A quién se le ocurriría asegurar eso?, ¿un solo momento?, ¿deberé entonces elegir el mío?, ¿ya lo habré vivido? o ¿estará por llegar?, qué difícil me resulta elegir uno. ¿Cuál sería el momento de Frida Kahlo? Cuando tuvo el accidente, el día que pintó su primer cuadro, cuando conoció a Diego. Tengo miedo de seleccionarlo mal. Y marcar mi vida en un antes y un después equivocado. Voy a poner en una caja mis momentos, para que cuando yo quiera pueda verlos todos y así no tengan que definirme con solo uno de ellos.

Prefiero el blanco o el negro,
que la indiferencia sin solución.

María Boer

Locura

Hay días que resulta insoportable cargar con ella... Esta enfermedad, esta locura, esta cruz que Dios me dio para llevar por la vida. El ruido en mi cabeza a veces se vuelve insoportable, trata de acallar mis emociones que fluctúan de arriba a abajo, como en un balancín. Pero esta locura, que es parte de mi persona y mi temperamento, me ha llevado por caminos insospechados, emociones nuevas. Me ayudó a encontrar mi sendero, mi propósito y el amor de mi vida. Es una aventura propia, una trayectoria única. Aunque nunca la deseé, ahora no sabría qué hacer sin ella.

Niña perdida

Mejor me quedo en la tranquilidad de la espera... En lugar de aventurarme por la vida a buscar otros amores, otros cuerpos, que curen mi corazón herido con la vorágine de sus pasiones carentes de amor real. Para no perder en el trayecto mi esencia y a mí misma. Mirando a rostros sin nombre murmurar palabras sin significado. Y como una niña perdida fui por la vida hasta que mis ojos se posaron en ti, puro como un remanso de agua tranquila y limpia, que acabó por saciar mi sed de años. Y rescataste a la niña perdida que fui.

Prefiero una vida con significado
a una vida superficial e inútil.

Vivir un poco

Debo descubrir urgentemente para qué estoy aquí... Cuál es mi misión en esta vida, el propósito para el cual Dios me creó y me mandó exactamente a este lugar y tiempo. En parte fue para que cargara mi muy particular cruz, que me hizo compasiva y piadosa con los demás. Para amar y entender a mi familia y a mi esposo. Para, quizá, contribuir a su felicidad. Pero... ¿qué más? Sé que tengo algo más que hacer aquí, pero no sé exactamente qué es. Quiero encontrarme y sentirme plena. Ser feliz. Librarme de estas cadenas que me oprimen. Quiero vivir...

Loca carrera

La vida es solo un momento. Mi juventud: loca carrera, tratando de alcanzar mi presente, que se escapaba de mis manos convirtiéndose en futuro, sin tener tiempo de vivirlo. Sueños que se quedaron en sueños, pero que me dieron fuerza para vivir la realidad. A tropezones me hice, no la persona que quería, sino la persona que debía ser. Loca, aburrida, equivocada, feliz a pesar de la infelicidad, pero nunca común y siempre auténtica. En la superficie, un mar violento, que escondía un tranquilo estanque que no era reconocido por nadie. ¿Malinterpretada? Sí. Sólo tú supiste la verdad al verme.

Prefiero escuchar el ruido de mi mente

a escuchar música.

Mónica C. Rodríguez Zorrilla

Salir del nido

Hay días que resulta insoportable cargar con ella, es la vida que te rebasa. Cuando crees que lo has vivido todo descubres que el episodio anterior solo te preparaba para el siguiente. Estaba sentada en la sala de espera del vicerrector pensando en qué iba a decirle, buscaba las palabras para convencerlo de que yo era la persona perfecta para la beca que estaba ofreciendo. Se abrió la puerta, no me miró, estaba metido en un montón de documentos. Era el preciso momento de emprender el vuelo, tomé valor y le dije: he provocado grandes daños colaterales por esta oportunidad.

Escombros

Mejor me quedo en la tranquilidad de la espera, lo peor ha pasado. Estoy herida, pero no de muerte, necesito estos minutos para serenarme y pensar qué hacer. Habíamos llegado hasta aquí con gran esfuerzo, vendimos todo para pagar las deudas, enfrentar la crisis y seguir con la ilusión de construir nuestra casa. Ahora, desde los escombros, miro la devastación, no queda nada, todo es lodo. Comprendo que somos tan pequeños, que no importan nuestros planes, él tiene la última palabra. El agua se ha llevado todo, excepto nuestra voluntad de vivir. Escucho un grito: Armada de México, ¿hay sobrevivientes?

Prefiero la certeza que la ambigüedad.

Prefiero un momento de oración a solas.

Último tramo

Debo descubrir urgentemente para qué estoy aquí, a lo largo de este trayecto de vida, he sido muchas cosas: hija, esposa, madre, comadre, colega, y de pronto, como prender o apagar un botón, me encuentro en un punto donde no encajo, donde se habla otro lenguaje; sufro el desgaste de ir contracorriente, nunca antes me sentí así, aun rompiendo esquemas, tengo que callar para no herir, tengo que ser espectadora para no importunar, tengo que entender una felicidad que se centra en el Yo y no en el Nosotros. Definitivamente, el último tramo de la existencia es el más retador.

Coincidencias

La vida es solo un momento y sigue siendo un misterio. ¿Por qué nosotros?, ¿por qué ahora? Te estacionaste a mi lado y bajaste lleno de energía, no dijiste nada del molesto silbido que hacían las balatas de tu vehículo, ni siquiera notaste que estaba haciendo malabares para cargar los grandes pósteres. Éramos dos desconocidos entrando a la galletera, peleando por alcanzar un espacio en el elevador. Apenas cruzamos la mirada, estábamos ajenos a entender que aquél era el momento justo donde se entrelazaban nuestras vidas y se empezaba a escribir la primera página de nuestra historia. **Coincidir no es una casualidad.**

Prefiero el amor profundo,
aunque carezca de sentido.

Mónica Pfeiffer

Alas

Hay días que resulta insoportable cargar con ella... esa monotonía envuelve todos mis sentidos, me asfixia y cada vez pesa más. Pero hoy, el aire sopla diferente; por primera vez siento que existe una posibilidad de cambiar las cosas. Llega la noche, lo miro a los ojos, respiro y logro expresar emociones calladas por 20 años... frustraciones, heridas no sanadas. Él me escucha perplejo e incrédulo. Se molesta, llora, se vuelve a molestar, y finalmente guarda un silencio eterno. Sabe que no hay regreso. Duele y requiere valor dejar todo atrás; mis alas se resisten, pero es momento de volar.

Búsqueda

Mejor me quedo en la tranquilidad de la espera... no tiene sentido vivir en agitación imaginando cómo y cuándo llegará mi muerte. Vendrá cuando sea su hora; bien dicen que nadie muere en la víspera. Siempre me he preguntado si ese momento está marcado por el destino, o si la fecha de nuestro último respiro va variando según vivimos. No sé la respuesta, pero lo importante, es que YA NO LE TEMO. He decidido vivir fluyendo y disfrutando, como si cada día fuera el último... aunque sé que no puedo ir sin rumbo. Debo descubrir urgentemente para qué estoy aquí.

Prefiero el cielo azul intenso
con nubes de algodón.

Transición

Debo descubrir urgentemente para qué estoy aquí... no recuerdo esta habitación, estoy confundida, pero tengo una fuerte sensación de emoción y prisa. Siento que debo ir a algún lugar, alguien me está esperando. ¿Qué me ocurre? No me he atrevido a salir, hasta que escucho voces al otro lado y me animo a abrir la puerta. Hay gente, flores, velas; un cajón al medio del salón y ahí estoy yo, durmiendo plácidamente. Algunos conversan y otros sollozan. Una luz hermosa y brillante llama mi atención. Ahí está mi abuelita sonriendo. Camino feliz hacia ella. Por mucho tiempo anhelé este reencuentro.

Albedrío

La vida es solo un momento... comienza con una inhalación y termina con nuestro último suspiro. Vinimos a representar un personaje: un ser humano con nombre y apellido, con una familia y con determinadas características físicas. Todo eso nos fue asignado, y difícilmente lo podemos modificar, en cambio, nuestras actitudes y acciones, dependen completamente de nosotros. ¡Usemos ese poder! No nos permitamos responsabilizar al resto por nuestras reacciones. Vendrán algunos momentos soleados y otros lluviosos, pero siempre tendremos la potestad maravillosa de elegir cómo responder. Puede que no todos los días sean buenos, pero hay algo bueno en cada día.

Prefiero las mariquitas rojas con puntitos negros.

Prefiero el agua en movimiento.

Pedro Gómez Elizondo

Fortaleza

Hay días que resulta insoportable cargar con ella, esta nostalgia me nubla, este miedo interior de avanzar, producido por el confinamiento, me bloquea, me aturde, pero no logra cerrar mi mente. Vuelvo a analizar con calma esa situación y de inmediato empiezan a surgir pensamientos positivos, que son los que me llevan al éxito y que me mantienen vivo, con ganas de triunfar en lo que me proponga hacer. Recargo mis pilas en la oración, en la meditación, en el trabajo, en el estudio, en el amor. Esta fortaleza interna es la fuerza que siempre me impulsa a seguir adelante.

Los tiempos de Dios

Mejor me quedo en la tranquilidad de la espera, ideal para las personas tranquilas, difícil para mí, porque soy hiperactivo. La espera me produce incertidumbre, un poco de temor, un vacío en el estómago, porque no llegan pronto las buenas noticias. Desde niño esperaba con ansia la Navidad, las vacaciones escolares, terminar mi carrera, la fecha de la boda, la llegada del primer hijo, el ansiado ascenso en la empresa, en fin. Ahora llegué a la conclusión de que no se mueve la hoja del árbol sin la voluntad de Dios, y que los tiempos de Dios siempre son perfectos.

Prefiero la planeación.

Prefiero ser creativo.

La fuente

Debo descubrir urgentemente para qué estoy aquí... un alma incomprendida, desdichada, que no ha podido encontrar su camino. Dios nos manda a este mundo con una misión que debemos descubrir antes de regresar. A través del tiempo he tenido la fortuna de descubrir mis talentos, fortalezas y debilidades, gracias al apoyo de mis padres, abuelos y maestros. En la vida todos tenemos algo que debemos corregir, afianzar, fortalecer; será la forma en que nos descubramos, la fuerza que nos lleve al éxito en todos los ámbitos. Algunos días debo buscar dentro de mí para encontrar esa fuente interior de sabiduría.

Fluye y reinvéntate

La vida es solo un momento, dentro del contexto del tiempo dura poco, también está llena de momentos de felicidad. En mi caso particular, he pasado por momentos difíciles, grandes obstáculos que me ha costado mucho superar, pero que han blindado mi interior, haciéndome fuerte emocionalmente, a no doblegarme y a seguir adelante. La vida no solo es gozo y alegrías, trae también amarguras, frustraciones, y desdichas. Por eso atesoro esos momentos, al llegar los tiempos difíciles, con mi pareja, en mi empleo, por enfermedad, siempre fluyo y me reinvento. La vida no es para sufrir, vengo a ser feliz.

Prefiero tener un refugio seguro para estar protegido de cualquier eventualidad.

Trayecto Travesía 2021

Consentido

Coincidir no es una casualidad, coinciden dos gotas de agua entre la lluvia, coinciden los caudales de los ríos en el mar, coinciden las estrellas en el cielo, coinciden las palabras del pensamiento; y forman uno a uno la fuerza sutil que se requiere para que el sueño se complete. Así coincidimos en los relatos, cada uno con su propia historia, cada uno con sus emociones, tratando de matizar con colores el pensamiento. La travesía, le llaman, pues como barcos zarpamos de una orilla hasta un puerto desconocido, pero juntos, dirigidas con cariño, casualmente partimos, y en el camino coincidimos. *Lidia Villarreal*

Oleajes

Coincidir no es una casualidad, cuando inicié esta travesía experimenté los nervios de siempre al dejar el puerto, la emoción de la aventura a bordo, la expectativa absoluta. Navegar con ustedes ha sido un honor, un aprendizaje enorme. Cada frase que me han regalado la convertí en un reto personal, llevándome a mareas altas, a los fuertes oleajes que tanto temí, pero también a la calma de un hermoso atardecer. Había olvidado cómo llegue hasta aquí, lo fuerte que he sido para sortear el temporal y de lo que estoy hecha. Son una tripulación extraordinaria. Gracias por aceptarme en Libertad. *Mónica C. Rodríguez Zorrilla*

Sí

Coincidir no es una casualidad, en esta frase hay una gran verdad, es difícil para la mayoría, coincidir, estar de acuerdo, reunirse. Sin embargo, esta travesía que compartimos me dejó grandes enseñanzas; la primera fue lograr que desde mi interior afloren sentimientos que nunca habían salido a la luz, para mí fue un gran logro escribir desde el corazón y no desde la razón, hacerlo con sentimiento, con amor, con nostalgia, eso me ayudó a encontrarme, a descubrir nuevos caminos y talentos que estaban dormidos dentro de mí. Si me preguntaran, ¿repetirías de nuevo la experiencia?, diría de inmediato: sí. *Pedro Gómez Elizondo*

Travesía CINCO
Oceanus

Adrián Martínez • Ady Zamora
Celina Menchaca T. • Isabel González Centeno
Luz Rodríguez • Mónica Medellín
Myrna MG • Perla Alarcón Villaseñor
Verónica Lugo

Microrrelatos
encadenados 2021

Adrián Martínez

La casa de al lado

Hay días que resulta insoportable cargar con ella, no quiere salir de mi cabeza, era más que un castillo de arena, era mi fortaleza, un monte olimpo en una ciudad eterna; cierro los ojos y es momento de irse, todo se apaga. Correr por su jardín ya no será posible, cierran las rejas con llave, la miro de lejos y también de cerca esperando un día volver a ella; pasa el tiempo y mucha espera, al fin entro por última vez. Abro sus puertas, recorro pasillos, subo escaleras, todo sigue igual. Es un recuerdo que puedo ver desde mi ventana.

Segundo lugar

Es un recuerdo que puedo ver desde mi ventana, parece que fue hace cinco años cuando me encomendaron algo que parecía imposible de realizar para cualquier persona; tareas, trabajos y exámenes eran mi alimento diario, las horas de dormir eran pocas, hasta que el día esperado llegó. Toga, birrete y una emoción por escuchar mi nombre que no podía aguantar, a lo lejos veo a personas que toman fotos, videos y recuerdos que no podrían faltar; el primer lugar pasó, después llegó mi momento; alguien grita: "¡ese es mi hijo!" al pasar. Mis ojos se humedecen al oír su voz.

Prefiero admirar las pinturas de mi padre

y hablar de deportes con mi madre.

Paso por ti a las nueve

Aún te espero cada tarde desde la primera vez que te conocí, me sentía nervioso, con manos sudorosas y con ese sentimiento en el estómago que no me dejaba en paz. Me encaminé esa noche hacia tu trabajo para nuestra primera cita, al llegar fue un laberinto y me perdí, hasta que te vi de lejos y fui hacia ti; estabas frente a mí, con un rico aroma a violetas, te veías hermosa pero el cubrebocas no dejaba apreciar tu sonrisa, desvié la mirada para ser invisible, pero me notaste. Las mariposas no han dejado de volar desde aquel día.

Hasta pronto

Su perdón es todo lo que necesitaba, no lo entendía hasta que dejé de llorar y soñar contigo; era sábado por la noche y estaba lloviendo, era la mejor escena para el peor de los casos, gotas de agua caían por doquier, unas se acumulaban en el pavimento, otras solo se secaban en un papel. Una reunión familiar nunca fue tan triste, hermanos abrazados contando anécdotas riendo con ojos húmedos, personas que no se habían visto desde muchos años se reúnen de nuevo... café, galletas y una cita en la iglesia a las nueve. Su recuerdo nunca abrazó tan fuerte.

Prefiero el aroma a pasto recién cortado
los sábados por la mañana.

Ady Zamora

Un camino que recorrer

Hay días que resulta insoportable cargar con ella, cesar los pensamientos que están en mi mente para encontrar el camino hacia mis objetivos de cada etapa de mi vida. Mi trayecto empieza cuando tuve conciencia de lo que quería y hacía donde me dirigía; aunque tuve obstáculos, logré salir adelante para realizar mis proyectos que llenaron mi vida de entusiasmo. Fue importante creer en mí y la constancia para sentirme satisfecha a nivel personal y profesional; anhelo que mis hijos también logren lo que desean para que sus trayectos de vida se cumplan. No importa los obstáculos, sigan adelante siempre.

Sofía

Es un recuerdo que puedo ver desde mi ventana, una niña de ocho años de edad, tímida, no hablaba mucho, sus compañeros de escuela se burlaban de ella y le ponían apodos por ser tan callada. Las personas adultas le decían que le sacaban las palabras con tirabuzón, pero a ella no le importaba porque le gustaba estar sola, le agradaba ir en bicicleta al parque que estaba cerca de su casa, observaba a las personas que llegaban a sentarse en bancas o se acostaban en el pasto. A veces se encontraba monedas que consideraba un tesoro para comprar dulces.

Prefiero viajar a diferentes lugares.

Prefiero leer un buen libro.

Amor incondicional

Aún te espero cada tarde, pensaba una mujer caminando por la playa, recordando cuando se sentía sola y angustiada por no saber qué iba a hacer sin sus hijos, porque estaba pasando por una separación, pero tenía a su madre para apoyar y le daba ánimos diciéndole: "Todo tiene solución, no pierdas la esperanza y la fe". Ahora que no está su madre y sus cenizas descansan en el mar, va a la playa para sentir su presencia, comprende el valor que tiene una madre que brinda un amor incondicional porque no espera nada a cambio, solo el poder ayudar.

Hasta tener tu perdón

Su perdón es todo lo que necesitaba; cuando llegué al lecho de muerte de mi hermana, le pedí con desesperación y llorando que me perdonara por haberla afectado en su juventud. No tuve antes el valor de verla frente a frente para pedírselo y opté por distanciarme, pero la culpa me atormentaba tanto que me refugié en la embriaguez que me hacía alucinar para verla y pedir su perdón. El tiempo pasó y no pude continuar con mi vida; decidí morir, no me disculpó en vida pero podría reunirme con ella para encontrar paz ante la falta de su perdón.

Prefiero disfrutar cada día
de momentos placenteros.

Celina Menchaca T.

Trayectos

Hay días que resulta insoportable cargar con ella, con esa tristeza que no me deja avanzar, que obscurece mi camino. No he podido dejar de pensar en ese momento que fue el motivo de pasar noches sin dormir. He estado analizando y dándole vueltas y vueltas en mi cabeza, y me pregunto: ¿qué sería lo que hizo detonar ese distanciamiento entre todos? Y busco alguna respuesta sin poder encontrarla; qué pasará en el futuro... ¿encontraré la respuesta a esta tristeza? Si logro encontrarla sería algo maravilloso. Seguiré buscando la sombra que no he podido encontrar, para estar a tu lado.

Recuerdos amorosos

Es un recuerdo que puedo ver desde mi ventana... mirando hacia un parque, ver el atardecer, ver esos niños corriendo, subir la resbaladera y deslizándose felizmente; mi niñez se refleja ahí, en esos momentos tan maravillosos cuando mi padre solía llevarme tomada de su mano; ahora que ha pasado el tiempo, veo la fragilidad de mi padre, es una persona de edad avanzada con pelo cano, paso lento, con una sabiduría y una felicidad inagotable, me agrada seguir a su lado, sonriendo y recordando esos bellos momentos que en algún futuro estaré contando a mis nietos, de los recuerdos amorosos.

Prefiero ser un globo con gas
para alcanzarte hasta el cielo.

Disfrutando la vida a tu lado

Aún te espero cada tarde... mirando por mi ventana y verte llegar, deseo con ansias poder abrazarte, seguir juntos hasta el final, recordando aquellos momentos que nos hicieron caminar en esta vida y un mundo de cosas que podremos contar, seguir cantando, reír, viajar... disfrutar una copa de vino y juntos recibir ese atardecer; recuerdo aquella tarde junto al mar, caminando sobre la arena y regresando cada estrella de mar, a ese inmenso mar azul, que nos mecía con sus olas y su tibia agua, con ese arrullo y ese canto de gaviotas, que no queríamos dejar de estar ahí.

La necesidad del perdón

Su perdón es todo lo que necesitaba... al llegar la tarde, fue internado en el hospital, sin querer decir una sola palabra, toda esa angustia que no lo dejaba estar tranquilo, y quería tener la fuerza para decir a sus seres queridos que lo que él necesitaba en ese momento era el perdón, por esa infidelidad que cometió en su vida. Rodeado por sus seres queridos y deseando hablar lo que su corazón le decía, él seguia lúcido y era el momento de lo que él quería revelar; lo que tanto le oprimía, había pasado durante su juventud.

Prefiero trabajar que morir en la comodidad de mi interior.

Isabel González Centeno

Preguntas sin contestar

Hay días que resulta insoportable cargar con ella, con la duda que nunca fue contestada. Pienso en las tardes que compartimos, nuestra banda favorita tocaba en el fondo, botellas vacías de alcohol regadas en el piso. Y como si las horas que pasábamos juntas no fueran suficientes, hacíamos llamadas interminables toda la noche. Parecía que esto que compartíamos era para siempre, que todos nuestros viernes iban a ser iguales. Y eso, por más simple que fuera, me hacía feliz. Pero un día dejaste de contestar mis llamadas y me dejaste cargando esta pregunta en mi espalda por toda la vida.

El ruido entre nosotros

Es un recuerdo que puedo ver desde mi ventana. Tu carro estacionado frente a mi casa, y tú sentado en el asiento, esperándome. Los días juntos siempre eran ruidosos, a veces por nuestras conversaciones interminables y por las canciones que cantábamos a diario. Otras veces, el ruido era producto de nuestras discusiones y del enojo que nos consumía. Hoy, tres años después, los dos estamos sentados juntos bajo otra luz, con ganas de agarrar el pasado y quitarle todas las hojas feas. Pero en vez de hacer eso, solamente nos quedamos en silencio. Ahora, todos los momentos juntos son silenciosos.

Prefiero salir de fiesta que quedarme en casa.
Prefiero escribirlo a olvidarlo.

Esperando

Aún te espero cada tarde desde el barandal de mi terraza. Espero tu llegada con terror y desconfianza, con miedo de volver a caer bajo tu poder. Espero la ceguera que siento cuando estás a unos metros de mí, cuando logras ahogarme en mis sentimientos. Te espero aun sabiendo que tú no me estás esperando a mí. A veces creo que estoy loca, porque creo que prefiero la sombra que traes contigo, que tenerte lejos de mí. Y ahora que te perdí, no puedo regresar a lo que conocía como casa, tengo que encontrar un lugar nuevo al cual pertenecer.

El otro lado de la mesa

Su perdón era todo lo que necesitaba, lo que iba a evitar que me volviera loca el resto de mi vida, lo que me ayudaría a salir adelante. Le pedí perdón por no esforzarme más, por no querer que nuestros momentos fueran infinitos, por querer soltar su mano. Perdón por quedarme con el lado bueno de las cosas, por dejarla sola en esa estación de tren en agosto. Perdón por no seguir con ella hasta el fin de todos nuestros días. Tomé un sorbo de mi café caliente y del otro lado de la mesa escuché dos palabras: "te perdono."

Prefiero el sabor de chocolate.

Prefiero encontrarme a mí misma.

Luz Rodríguez

Tercera llamada

Hay días que resulta insoportable cargar con ella... así que he decidido llevarla al mar más peligroso que conozco, subirla a un barco, abandonarla en alta mar y regresar a casa. Inhalo. Tomo fuerza. No logro desprenderla. Lucho sin estrategia. Escucho a lo lejos: si la lanzas, te lanzas. Angustiada, corro a buscar a Alberto. En su abrazo cabe la esperanza. Solo es cuestión de tiempo, paciencia y un poco de disciplina. Ofrece todas las garantías. Coloca sobre mi pesado cuerpo una impecable sábana blanca a rayas, saca punta al bisturí... y lanza una amorosa sentencia: escribe o terminarás ahogada.

Abril

Es un recuerdo que puedo ver desde mi ventana... Yo, lavo el exprimidor; tú, desciendes del camión, vestido de blanco, caminas tres cuadras bajo el implacable sol que te derrite. Abro la puerta del sábado con un vaso de agua fresca. Hablamos de todo y coincidimos en nada... Te marchas. ¿Se puede marcar toda una vida con dieciséis años a cuesta? Tú lo hiciste. La distancia te cinceló en mi memoria. Hubieras sido un muy buen primer marido. Tu temprana muerte fue la cereza de un mal sueño. Con la certeza de que nunca volverás... aún te espero cada tarde.

Prefiero a la gente sobria
embriagada de felicidad.

Bomby

Aún te espero cada tarde... Sé que no volverás, que no llamarás, que nunca me amaste; sé que fui una más en tu lista de amores fallidos, que sólo querías sacar un supuesto mal clavo y que el amor no puede germinar en tierras áridas. Tardaste treinta segundos en olvidarme. ¿Por qué te espero? Me vendiste una ilusión y la compré a granel... como croquetas para perro. Mi corazón aún no entiende que existen personas que van por el mundo usando y tirando a la basura a otras... cuesta entender, cuesta respirar, cuesta levantarse... cuesta despertar de un muy mal sueño.

Mitra dorada

Su perdón es todo lo que necesitaba... Quedé frágil, medio rota... ¡no quise escucharte! Me vendieron senderismo, bicicleta de montaña, independencia, libertad, comunicación, amor al arte, a la familia, a Dios... Recibí una señal de falla en la conexión el día doce. La ignoré. Buscando ilusión, subí cuatro pisos... Rompí todos mis esquemas y encontré la felicidad inventada. En contra de mi naturaleza, me arrojé en un paracaídas que aluciné lograría abrir. Caí en picada y me estrellé contra un arenero... No me sorprendió ser la última de sus prioridades. Sobrevivo. Respiro. Escribo. Perdóname instinto, no te vuelvo a fallar.

Prefiero la cruda... realidad.

Prefiero el humo, solo como señal de rescate.

Mónica Medellín

Siempre juntas

Hay días que resulta insoportable cargar con ella, sus grandes ojos miran cualquier detalle, es sensible, fuerte, valiente y su ingenuidad le ha ganado grandes lecciones. No sabe estarse quieta, es tan curiosa que hay que tenerla ocupada en lo que llame su atención. A veces me mete en problemas, especialmente si tiene un día gris. Escucharla, abrazarla y dejarla guiarme por momentos me ha llevado a lugares hermosos, y a recuerdos no siempre gratos, compañera de juegos y a veces de llanto, somos inseparables, y aunque a veces no la aguanto, es mi niña interior y necesita mis abrazos.

Tu equipaje

Es un recuerdo que puedo ver desde mi ventana... Siento el aire correr por todo mi cuerpo, vuelo de una forma sorprendente, demasiado divertida, el estómago me cosquillea. No paro de reír a carcajadas, me arrastras por el aire a saltos, volar debe ser muy parecido. Escucho tus risas contagiado por las mías. En medio de ese paisaje tan inmenso entre las montañas, para mí, el tiempo se detiene. Me regalaste el mejor recuerdo y yo fui testigo de cómo volvías a ser niño. Llevas mi recuerdo en tu equipaje, cuando lo encuentres, regrésamelo con un abrazo que pueda percibir.

Prefiero bucear en las profundidades

a surfear en la superficie.

Espero

Aún te espero cada tarde me siento al sol en el jardín, leo, observo a mis amigos de pecho amarillo, se llaman Bienteveos, yo les digo simplemente "buenos amigos". Ver colibrís acercarse por miel es mi entretenimiento favorito. Durante nueve meses, cada día espero que llegues. Por momentos quisiera acelerar esta espera, me preparé con tiempo y creo que no he dejado nada pendiente. A veces me regalas un instante, te veo como una estrella fugaz. No estoy solo, sin embargo, deseo que pronto se abra esa puerta y verte, abrazarte de nuevo y continuar el viaje como siempre, juntos.

Viajeros

Su perdón es todo lo que necesitaba... "No quise responder tu mensaje estando rodeado de gente, me parece buena idea vernos una vez a la semana." Desde entonces desayunamos juntos cada jueves. ¡Fue bueno abrirte mi corazón por escrito y obligarte a abrirme el tuyo! Volamos juntos a Italia, París y Estocolmo. Sintonizamos corazones hasta que llegó el momento de vivir juntos. Acompañarte tus últimos meses y dejarte en la puerta del cielo fue el mejor regalo que ella me dejó, correspondí abrazándote cada mañana con todo mi corazón, ella es feliz, ahora están juntos y todos viajamos en paz.

Prefiero la vida.

Prefiero el silencio.

Myrna MG

La loca de la casa

Hay días que resulta insoportable cargar con ella... y no entiendo cómo surge esta pesadez, simplemente aparece... es agobiante e irritante. Me acompaña cada día y aunque generalmente es buena compañía, cuando se siente libre es generosa, creativa y amorosa pero cuando pierde los estribos, o algo la conecta a situaciones pasadas, es irreconocible y hace la vida complicada; la calma se convierte en caos, sé que no la puedo tener amarrada, rompería con su naturaleza. Esta transformación necesita una evolución, y aunque el camino del equilibrio es doloroso y complicado, es importante que aprenda a retirarse, renovarse y regresar.

¿Dónde esta mi primavera?

Es un recuerdo que puedo ver desde mi ventana... pues te ha dado por aparecer en forma de colibrí y revoleteas en mi jardín alegrando mis mañanas. Me emociono al verte, que en cuanto te digo: "espera no te vayas, estoy en verano y sigo anhelando esa primavera que te llevaste con tu partida". ¿Quién dijo que sería fácil la vida sin ti? He aprendido a lidiar con esta nueva realidad, son dos años de tu muerte y aún me pregunto: ¿por qué no lo vi venir? Las flores han vuelto a salir, pero no es lo mismo sin ti.

Prefiero la honestidad de una mirada

que lo abrumador de mil palabras.

Te he visto en mis sueños

Aún te espero cada tarde... pero ya no con la desesperación de una adolescente. No sé cuántas lunas tengan que pasar para volverte a ver, solo sé que cuando ese encuentro pase, se detendrá el reloj para convertir ese momento en una eternidad que se llevará en la piel, el alma y la vida; no habrá vuelta atrás, seremos eso que el destino nos tenía preparado, dejaremos de ser fantasía para convertirnos en realidad. No se necesita describir lo que significa amarte, desearte y esperarte a la distancia. ¡Ah! Llegarás... sé que lo harás, te he visto en mis sueños.

La tertulia sin sonido

Su perdón es todo lo que necesitaba... o esa era la idea construida, pero la realidad es que, al paso del tiempo, se dejaron tantas cosas atrás que ya no bastaba decir "perdóname". Nos hundimos en el silencio aniquilante, en las ausencias incomprendidas y apareció la falta de interés; por supuesto que seguía el cariño por ti, por aquello, por lo nuestro. Fuimos del cielo al infierno, sin la llegada de la palabra sanadora. Acepté mi parte y dije "lo siento", tu queja me decía que seguía siendo tarde. Entonces quedó la tertulia sin sonido y la discusión sin discurso.

Prefiero usar el cubrebocas por mí,

por los míos y por todos.

Perla Alarcón Villaseñor

La innombrable

Hay días que resulta insoportable cargar con ella, por más que hago, no me deja, es necia, indeseable, me recuerda a cada rato su presencia, es tan metiche. Que si me voy a poner algo lindo, opina: "¡Ah no! No se te ve bien", que si descanso, leo o veo tele, me acompaña. Antier que fui al cine fue muy molesta, no se callaba; otras veces, aun sin hablar, me incomoda. Cuando salí de vacaciones se coló, así nada más, a mí me dio mucha pena con mi esposo. Panchita, no te quiero, me fastidias. Tengo que deshacerme de ti.

El rosal mensajero

Es un recuerdo que puedo ver desde mi ventana, así es, en mi jardín hay un rosal que casi no florea, y si lo hace, da flores pequeñas o maltratadas por los insectos. Cuando mi mamá murió, esparcí un poco de sus cenizas cerca de él. Con el tiempo noté que, cuando era una fecha importante para mí, daba unas rosas hermosas, grandes, de dos colores, era como si mamá me acompañara, me hacía sentir muy feliz. Un día el rosal no floreó mas, ya lo quité. Un último mensaje: "Sigue adelante, vas bien, ahora estoy siempre en tu corazón".

Prefiero tomar un libro, pasar las hojas y usar mi separador que me recuerda algún viaje.

Te deseo

Aún te espero cada tarde, hay días que sé que no vas a llegar, eres tan escurridiza, pero de vez en cuando te anuncias y al oír tu voz me emociono y alegro. Más aún si estoy armando un rompecabezas y llegas... me encanta, haces mucho escándalo, pero es mejor. Luego pasan muchos días y tú, ausente. No te animas, te necesito no solo yo, muchos más; hay veces que das miedo pues llegas y destruyes, eres doble cara, algunos te odian, otros te amamos. A veces tan tenue, otras implacable, limpias, ensucias, das vida. ¿Cómo puedes ser tan diferente?

El pan de Bruno

Su perdón era todo lo que necesitaba, el niño corrió asustado, había pasado de nuevo, el hambre lo obligó, la tentación era mucha, su pancita gruñía así que tomó dos panes en lugar de uno que le correspondía, dejó a su hermano sin merendar. Pero estaba tan rico y parecía que nadie lo veía, los devoró rápidamente, ni siquiera los saboreó. Ahora estaba arrepentido, sabía que lo iban a castigar, pero lo peor sería ver la carita de Bruno, él qué culpa tenía. Mañana le daré mi pan, si tan solo siempre hubiera más... Con lágrimas en los ojos, despertó.

Prefiero escuchar el canto de un pajarito por la mañana que oír la alarma del despertador.

Verónica Lugo

La monja

Hay días que resulta insoportable cargar con ella, su carácter de los mil demonios hace dudar que sea verdaderamente feliz, ¿no se supone que con los años la monja se dulcifica? Pareciera que sólo ha bebido amargura, desolación, desprecio. Todas las tardes, al salir de misa, se acercan exalumnos jóvenes y adultos, con un rostro radiante al verla. —¡Madre, ya me casé, mire mis hijos!— La saludan con tanto amor y gratitud, que me cuestiona todo lo que pienso de ella. No sé qué es lo que ven ellos, o mejor dicho, ¿qué es lo que no estoy viendo yo?

Unos minutos

Es un recuerdo que aún puedo ver desde mi ventana y suelo preguntar sin obtener respuesta, ¿por qué él? Suspiro y lamento el tiempo perdido en banalidades, sólo queda la añoranza del último abrazo. —Soy su tía— digo al llegar. —Adelante, ahí están— señala a los papás, destrozados junto al cuerpo de su hijo de trece años. La tormenta brama con fuerza, el alma sucumbe de dolor. Ya no habrá sonrisas ni abrazos cálidos, su voz se apagó. La vida cambia en un instante, unos minutos determinan la vida o la muerte... ¡unos minutos!, desearía haber llegado unos minutos antes.

Prefiero mi vida a cualquier otra posibilidad de vivir alejada de quien soy.

Plenamente libre

—Aún te espero cada tarde. —¡No quiero regresar! —Mis brazos siempre están abiertos para ti. —¡Lo tengo todo, no te necesito! La mujer salió de la capilla a buscar la felicidad y la libertad que anhelaba. Después de primavera regresó. Tenía el corazón destrozado. —¡Lo siento! —sólo eso pudo balbucear. —Levanta la cabeza —le dijo con un silencio de paz. —¡No puedo mirarte a los ojos! Sollozaba amargamente por haberlo rechazado, pero segura de su amor. Después de orar y redimir todo lo sucedido, salió de la capilla, radiante y plenamente libre, porque su perdón es todo lo que necesitaba.

El buró

Su perdón es todo lo que necesitaba, pensé antes de dormir. Desperté con la idea de conseguirlo. Al dirigirme a la oficina, observé gente con rostros como el mío: preocupación y angustiante incomodidad por sentirme expuesta, todos sabíamos lo que hacíamos ahí. Estaba esperando en la fila y me llaman. Me abro paso entre la gente, voy con algo de dinero en mi cartera y un poco de esperanza en el bolsillo. Al llegar, me notifican que ya no hay tiempo, se venció y ahora estoy en el buró de crédito... jamás había odiado tanto a alguien como a Coppel.

Prefiero la muerte, como fin último de vida para encontrarme con Dios.

Trayecto Travesía 2021

El reto

Su recuerdo nunca abrazó tan fuerte... Lo primero fue despedirnos, no para siempre, solo hasta el próximo instante. ¿Dónde? Aquí, en mis relatos, cualquier parte... París, Roma, Venecia, Estocolmo. Te preparé lo mejor que pude el equipaje y durante esta travesía recuerdo, siento, hasta escribo todo lo que me despierta cada paraje del itinerario, desde que notificaste que partías, hasta el minuto en que te entregué mi mejor recuerdo. A veces no supe qué decir, de pronto fue abrumador encontrar palabras, otras veces no me gustó empezar de nuevo, pero siempre encontré fascinante el reto de escarbar en el silencio. *Mónica Medellín*

Inmortales

Su recuerdo nunca abrazó tan fuerte, las palabras los habían hecho inmortales. Desde el fondo del cuarto beige, podías ver a una mujer joven de cabello café, escribiendo bajo la luz de la luna. Escribía siempre con apuro, con ganas de contar algo que nunca había podido decir en voz alta. A veces se le acababan las palabras, pero rápidamente ponía su canción favorita, y regresaba a escribir. A esas horas de la noche, logró revivir recuerdos, momentos y personas que ya se habían ido de su vida. Pudo darle a esas personas una segunda oportunidad, y logró hacerlos inmortales. *Isabel González Centeno*

Pequeños detalles

Su recuerdo nunca abrazó tan fuerte, mi historia sigue haciéndose presente. ¿Cómo sucedió todo? Estas semanas han sido el preludio de un amor que se consolida en el tiempo; su intensidad y alcance no dejan que desaparezca de mi corazón. Muchos podrán pensar que la vida religiosa es castar el amor, pero escribir relatos, contar mi historia, mi vida y sus pequeños detalles, confirman que la plenitud del amor se encuentra en el corazón de cada persona cuando eleva la mirada a Dios. Soy una monja enamorada de la vida, del amor y del Dios de quien precede todo amor. *Verónica Lugo*

Travesía SEIS
Sinfonía

Alejandra Cantú Bustamante • Alma Nury Jiménez Vázquez
Anett Cázares • Bertha Villarreal Rodríguez
Kristela Blanco • Liliana Robles
Marcela De León • Mauricio Sánchez
Nilsa María Becerril Méndez • Yvana Garza Cantú

Microrrelatos
encadenados 2021

Alejandra Cantú Bustamante

Surreal

Hay días que resulta insoportable cargar con ella... esa incertidumbre que se ha vuelto cotidiana, en donde lo único seguro es que no hay nada seguro. Y es que ni Dalí ni Miró lograrían plasmar en sus lienzos la incongruencia y, sobre todo, la irracionalidad de los tiempos que nos tocan vivir. Si hay que encerrarnos, la gente quiere salir. Si debemos vacunarnos, nos quieren manipular. Bueno, usemos el cubrebocas... ¡No me pueden obligar! Nunca pensé que fuera tan difícil convencer a alguien de salvar la propia vida. No logro entender nada. A veces siento que me equivoqué de planeta.

Realidad alternativa

A veces siento que me equivoqué de planeta. O que me cambiaron de universo en un juego de video donde la complejidad aumenta y las reglas cambian, sin tiempo de detenerse a averiguarlas. No solo hay que escapar de un pequeño y poderoso enemigo invisible que te ataca cuando menos lo esperas, sino que puedes transmitirlo a tu equipo sin darte cuenta. Todo en un mundo lleno de peligros y desafíos que hay que sortear al tiempo que huyes. Lo más desconcertante es que cada quien interpreta las reglas a su manera, dificultando más llegar al final. Si logras sobrevivir.

Prefiero la vida como el buen vino tinto:
profundo, intenso, complejo y con carácter.

Iluminación

Soy un girasol entre miles de rosas. Hermosas, pero puramente ornamentales, buscando florecer antes que las demás y ser elegidas, aunque deban morir, para ser trasladadas de un jardín a un jarrón, y ser cuidadas y admiradas. Los girasoles, en cambio, nacemos en la pradera, y expuestas al viento y la lluvia. Nos gusta sentir las gotas caer sobre nuestros pequeños y brillantes pétalos, y el tallo que gira y danza al ritmo de la brisa del verano. La rosa permanece inmóvil y dependiente del amor incierto de alguien más. El girasol se mueve siempre buscando la luz de Dios.

Precaución

Ahora trato de seguir al sol mientras voy limando mis espinas que, sin darme cuenta, fui formando para alejar cualquier cosa que para mí significara un riesgo, real o imaginario. Pero el miedo no puede durar por siempre. Primero paraliza. Luego aburre. Finalmente harta. Con el paso del tiempo te acostumbras a coexistir con los peligros. Y cuando les das una más precisa dimensión, las espinas empiezan a estorbar. Sobre todo si, al ser tantas y tan puntiagudas y cortantes, en lugar de proteger, lastiman. Pero no hay que confiarse, aunque poco a poco vayan desapareciendo, la sensación áspera permanece.

Prefiero los sueños

donde mi papá me viene a visitar.

Alma Nury Jiménez Vázquez

Carrera perdida

Hay días que resulta insoportable cargar con ella, los altibajos emocionales ya son conocidos, pero las exacerbaciones son agotadoras. Lo peor es por las noches, cuando no hay nadie más presente y quedo en vigilia constante sabiendo que su presencia sigue muy cerca, y me quedo con las manos sudorosas, respiración agitada, sin cerrar los ojos. Recuerdo que al inicio de esta carrera todo era alegría y esperanzas de poder dar vida a otro ser, la menopausia avisa que no sucederá y sólo queda esperar que el reloj biológico termine su agitada carrera y me dejé dormir tranquila.

Incomprendida

A veces pienso que me equivoqué de planeta, de época, de familia y trabajo. Durante unos días he estado más inquieta que de costumbre: todo me molesta, todo me genera una crítica, la envidia se hace presente al saber de triunfos de otros y quiero robarlos. Quiero correr y dejar todo tirado, quiero hacerme indispensable pero no que me incomoden con responsabilidades. ¿En qué momento cambió mi sentir, o acaso siempre he sido así y no me había percatado? Necesito salir de mis pensamientos, de los recuerdos, encontrar un remanso de paz, y entonces quiero volar fuera de este mundo.

Prefiero caminar a correr o nadar.

Prefiero los ríos al mar.

Cambio de estación

Soy un girasol entre miles de rosas. Fui la promesa de una rosa en capullo pero hubo demasiada responsabilidad para lograr el aroma perfecto, demasiado temor para crecer, demasiada timidez para abrir los pétalos, demasiado todo. Sin darme cuenta la estación cambió, pasó de primavera a otoño; mi tiempo como rosa fragante se acabó: el rojo sangre pasó a rosa pálido y después llegó el blanco, ausencia de color. Con el cambio de estación me di cuenta que cada uno decide cómo, cuándo y con quién acompañarse a florecer. Ahora trato de seguir al sol, mientras voy limando mis espinas.

Caminos y espinas

Ahora trato de seguir al sol mientras voy limando mis espinas. Las mismas espinas que usé para protegerme, también me aislaron; a la vez que hice daño a otros me dañé a mí misma, en una mezcla de talentos sin usar con emociones reprimidas que dieron lugar a historias terminadas antes de iniciar y trajeron más heridas que la amenaza real. Ya no cabe el arrepentimiento... El plan es florecer mientras dure mi día y esperar a que cuando llegue la noche pueda contar que mis pétalos compensan el número de espinas que dispersé en el trayecto de la vida.

Prefiero enojarme a no sentir nada.

Prefiero vivir.

Anett Cázares

Una carga diferente

Hay días que resulta insoportable cargar con ella, sentimos ese peso en la espalda, como un costal de piedras y cada día que no nos detenemos a sacar las que se encuentran dentro se agregan otras y se hace más pesado. Cada paso duele más que el anterior y lo peor es no saber hasta cuándo tendremos que llevar ese bulto lleno de rocas de diferentes tamaños, pero todas juntas son una enorme carga con diferente significado, durante el camino que recorremos encontramos a gente que nos ayuda a quitar algunas que parecían imposibles de sacar de adentro.

Aprender a encajar

A veces siento que me equivoqué de planeta, como cuando quieres hacer entrar una pieza de rompecabezas en el lugar incorrecto, cuando ya tiene un lugar asignado. Y, ¿qué pasa cuando alguien no quiere ese lugar otorgado?, ¿qué pasa si yo quiero ser algo diferente? Siento que estoy perdida mientras veo a todos cumpliendo sus objetivos y encajando en su lugar, pero yo no estoy ni cerca de entender qué hago yo con el mío. Estoy asustada de ser diferente, tengo miedo de no agradarle a los demás por lo que soy. Soy un girasol entre miles de rosas.

Prefiero los días lluviosos.

Prefiero el sol que la luna.

El reflejo diferente del espejo

Soy un girasol entre miles de rosas, mientras veo a todas las hermosas flores dudo lo que soy; mirarme al espejo diariamente pasó de ser una bendición a un dolor insoportable; todas las rosas y sus hermosos pétalos, su preciosa forma y su manera de florecer, dolía ver que yo no era como ellas. Hasta que un día me di cuenta de que no todos los capullos son iguales, no todas las rosas son de un mismo color o una misma forma, sino que todas resaltan a su manera. En ese momento aprendí a amar al hermoso girasol del espejo.

Caminos equivocados

Ahora trato de seguir al sol mientras voy limando mis espinas, trato de seguir adelante aunque, de un momento a otro, todo se derrumba y me encuentro encerrada entre paredes invisibles y dilemas que parecen no tener una solución. Y mi mayor miedo es elegir el camino no correcto donde nunca encuentre la felicidad, un camino que está rodeado por momentos falsos junto con las personas erróneas y no saberlo; y al mismo tiempo, estar cegada por los engaños diarios que, como ya son costumbre, parecen verdades eternas; nos perdemos en un camino incorrecto y no volvemos a ser iguales.

Prefiero la arena que la tierra.

Prefiero el amor.

Bertha Villarreal Rodríguez

La culpa, ¿es una virtud?

Hay días que resulta insoportable cargar con ella. Es una enfermedad, un vicio, una mala costumbre. ¿Una necesidad? Sentir culpa por ser sincera, ¿es virtud? La culpa estorba. No es lealtad, ni empatía, ni honestidad. La sinceridad, la lealtad, la empatía y la honestidad son consideradas virtudes, pero si un niño delata a un compañero de clase por tomar una pluma ajena es un "soplón"; si ves un accidente prefieres no ser testigo a favor del inocente. Si comentas con tus amigas que tu vecina es floja y cornuda, eres "chismosa". ¿Lo ves? Ser sincero no es virtud, provoca culpa.

Miedo

A veces siento que me equivoqué de planeta. ¿Quién no se ha sentido así? Justo ahora, he tenido pesadillas todas las noches. ¿Libraré está situación tan prolongada? ¡Diecisiete meses de pandemia es demasiado! Tengo miedo. Me refugio, entre cautelosa y protectora, en el trabajo, la familia y unos pocos amigos. ¿Será suficiente? Hoy tembló levemente en la región, ¿será una señal?, ¿mis pesadillas serán una premonición? Hacía mucho tiempo que ni siquiera soñaba. ¿No serán ridículas mis pretensiones de cuidarme tanto? Siento que lo hago porque así protejo a los que quiero que me sobrevivan. Sólo Dios sabe qué pasará.

Prefiero las margaritas,

pero con buen tequila y limón.

Adolescencia

Soy un girasol entre miles de rosas. Un girasol de carácter informal. Ese carácter me recuerda mi adolescencia, al profesor de secundaria nocturna que daba las materias de inglés y español. Siempre trajeado y de figura quijotesca, sabía cómo motivarnos. Con él aprendí a analizar y resumir y empecé a leer los clásicos. Me halagaba que le gustara mi perfume. Fue cuando me convencí de que estudiar era importante. Me encantaban las etimologías, creo que eso influyó poderosamente para que, años más tarde, me casara con un amante de las palabras. Así, mi adolescencia fluyó entre fiestas, logros y amoríos...

Añoranzas

Ahora trato de seguir al sol mientras voy limando mis espinas... Y sigo aquí, sorteando tempestades con mi presión perfecta de ochenta sobre ciento veinte a mis ochenta años. Presumida, me dicen mis amigas hipertensas. Mas yo sigo rumiando mis oscuros pensamientos, culpando al mundo de la ansiedad que me provoca tu ausencia; añorando tus caricias, tu buen humor, tu aroma y tu sabor. Dejaste tu cajón vacío y la taza de café sin terminar. Tu ausencia se hace más profunda... te llevaste también mi corazón. No me quejo, tú te cansaste... cuando yo quede exhausta te alcanzaré, mi amor.

Prefiero las manos estropeadas por el trabajo creador, que las delicadas salidas del manicuro.

Kristela Blanco

La impotencia

Hay días que resulta insoportable cargar con ella. Soy la hija que les ruega a sus padres, soy la mujer que le grita al mundo. Soy quien reza por misericordia y pide sea la compasión, la que habite en el corazón de más personas. La realidad nos muestra cómo está la humanidad. A muy pocos les interesa, la mayoría prefiere hacer su voluntad. Continúo mi voz levantando con argumentos reales, pero esta vez, elijo permanecer en paz. Decido amarme, decido rescatarme. Mis acciones son mi única responsabilidad. Me consumía cargar los kilos de angustia acumulada. He decidido comenzar a soltar.

Caminando

A veces siento que me equivoqué de planeta. Me reconforta saber que no estoy sola. Me guían, cuidan y siempre acompañan. Comprendo el motivo de la elección temporal y decido aprovechar, de manera consciente, cada batalla. No es el camino más fácil, pero siempre el mejor. Aquel que nos lleva a ser y compartir más amor. Mi verdadera motivación es regresar al mío victoriosamente. Sólo existe un camino: actuar por el bien común y con absoluto amor. Mirando al mundo a través de tus ojos. Te amo y te entrego mi corazón. Mi roca y mi refugio, en ti confío.

Prefiero ser, que aparentar.

Prefiero la música del silencio al vacío del ruido.

El encuentro

Soy un girasol entre miles de rosas. Su bendición, así la manifestó. Se permitió el encuentro entre dos almas que se reconocieron a través de su mirada. Así fue como sucedió. Ambos lo sintieron, no fue una casualidad, sino un regalo de Dios. Ahora depende de cada uno de ellos, si reciben su semilla y la cultivan en tierra fértil, o no. Si el respeto y amor verdadero es lo que ambos buscan, deberán actuar bajo los principios que Dios les enseñó. Sólo existe un buen camino, el camino del amor. Aquel que te permite recórrelo, sintiendo paz en tu interior.

Con fe y esperanza

Ahora trato de seguir al sol mientras voy limando mis espinas. Trabajo en mí, para crecer en consciencia y buscar ser mejor persona. Que mis acciones sean coherentes a mis principios y agradables a la luz del cielo. Que el resultado siempre sea el compartir un beneficio para el bien común. De amor me alimento y desde el corazón, me comparto. De las espinas de otros es necesario defenderse. OBSERVA, ¿se alimenta de pecados capitales o construye vida bajo las virtudes cardinales? ESCUCHA, ¿sus palabras siembran discordia o te dejan sintiendo paz? Existe luz y oscuridad, esa es la realidad.

Prefiero la cruda verdad

en lugar de una alegre mentira.

Liliana Robles

Los cambios y la monotonía

Hay días que resulta insoportable cargar con ella... sí, con esa monotonía que ha surgido a través de días y meses de resguardo, extrañando los momentos de apuro sin descanso; haciendo actividades fuera, viviendo tumultos, tráfico, convivencias y eventos por doquier. La libertad de respirar bien al andar, los abrazos, el vivir de prisa; actividades que antes eran ordinarias, ahora son añoradas... Si me hubieran dicho que eso pasaría, ¡habría abrazado y convivido más, me hubiera quejado menos, hecho cosas diferentes, más intrépidas, viajado más...! Ahora la vida sigue con incertidumbre y limitaciones, valorando cada momento y sobrellevando los cambios.

Hacia donde voy

A veces siento que me equivoqué de planeta... ando en Venus y me pierdo en mis pensamientos. Me pregunto si voy en la dirección correcta, indecisa de qué rumbo tomar, me siento paralizada, el tiempo pasa y no sucede nada; sigo igual, la misma rutina... No me muevo, no me atrevo, sólo veo a los demás avanzar; quiero cambios pero no logro concretarlos... No me siento bien, el camino no ha sido como esperaba, pero sé que se puede modificar, aún no acaba... De pronto vuelvo a la realidad y piso nuevamente la Tierra. Respiro y me siento a salvo.

Prefiero hacer ejercicio con música.

Prefiero lo creativo a lo analítico.

Como un girasol

Soy un girasol entre miles de rosas... brillo de cerca y de lejos, soy grande y vistoso, muy alto y hermoso, parezco un pequeño sol. Sin mucho esfuerzo, destaco. Siempre me dirijo hacia la luz ya que me da más vida. Muchos quisieran mis cualidades, pero me faltan muchas otras... a veces quisiera sonreír como un bebé, hablar y expresarme con el niño que se sorprende al verme... decirle que valore todas las oportunidades que se le presenten, que emprenda, se equivoque y se levante, que no pasa nada; que disfrute al máximo, sin miedo, porque la vida es efímera.

En mis sueños

Ahora trato de seguir al sol mientras voy limando mis espinas... para que no estén filosas y no me haga daño, ni lo haga a los demás. Son frágiles cuando me siento indefensa y filosas cuando me atacan. Son mi escudo... así como las escamas que he creado de protección. Siempre estoy alerta y cambio de color como camaleón. A veces me siento valiente y segura como un león, y otras, retraída y lenta como tortuga. Me gusta volar como mariposa o volverme invisible y trasladarme por doquier. Todo esto y más lo he vivido en mis sueños al dormir.

Prefiero leer a escribir pero lo intento.

Prefiero un día lluvioso a uno caluroso.

Marcela De León

Cambios de nombre

Hay días que resulta insoportable cargar con ella... En que no soporto ya mi impaciencia. Me pregunto quién y cómo serás. Más que nada, cómo seré yo cuando ya estés aquí. Noches de insomnio en las que recurro al cajón de galletas que se me ocurrió preparar. Pienso que un día las voy a recordar. Hoy estoy aquí, escribiéndote. Te despido de tu vida de soltera. Te digo la verdad, que contigo aprendí a ser mamá. Me la pusiste fácil, me fue tan natural como respirar. Te di alas y aprendiste a volar. Mi vida, de ti depende tu felicidad.

El gran maestro

A veces siento que me equivoqué de planeta. ¿He sido así siempre o son secuelas del 2020? Hoy no quiero ver a nadie, ni estar en conversaciones tontas. Quedarme en casa a leer y volver a escuchar a los pájaros cantar, sin preocuparte de cómo te vestirás. Si no fuera por el miedo, que insiste en asomar, no estaría tan mal. Se extienden los plazos, va cambiando mi manera de pensar. Cuidado con lo que sueñas, cuidado con lo que pides. Finalmente, este tiempo está siendo un gran maestro de cómo no queda más que vivir en el presente.

Prefiero a los perros, a los míos, a los otros,

porque me encantan en general.

¡¡Ella no!!

Soy un girasol entre miles de rosas, busco tus ojos, espero escuchar: "odio su perfume". Me besas y no necesito palabras, ni tampoco ser una rosa. A ti no te importa, tampoco a mí. Si nos mira la gente, si nos encuentran diferentes. Estamos bien hoy y es suficiente. Mientras esperamos, sin pensar, veo nuestra foto, la que insististe en publicar. Leo los comentarios: "Hey guapo, si te gustan feas, ¡aquí estoy yo!" Siento frío, pero ya nada me hará temblar... ni tus seguidoras, ni tus fans. No te voy a dejar. Sonrío mientras pienso: "esperen ver muchas fotos más".

Momentos de luz

Ahora trato de seguir al sol, mientras voy limando mis espinas, no quiero ser coleccionista de heridas. Dirigirme hacia la luz, olvidar la oscuridad de aquel agosto maldito. Recordar que fuiste tú quien se despidió para siempre de nosotros con una sonrisa. Dejábamos ambas la niñez, tú no llegaste a ser mujer. Hasta entonces, siempre juntas, hermana. Cómo me costó entender por qué no fui yo la que se fue. El tiempo todo lo cura y sana. Llega mi familia, toda amor, brillo, esperanza... aún en agosto. Llega por fin mi respuesta. Supe que por ellos fue que me quedé.

Prefiero el movimiento, de mi cuerpo,

de mi mente.

Mauricio Sánchez

Lola

Hay días que resulta insoportable cargar con ella, y es que no sabes en qué momento se te va a trepar y te va a atacar. La dejé acercarse sólo porque me gustan los gatos y porque mi papá me había enseñado a ser feliz. En una sola lección. Qué concepto tan complicado, subjetivo y antinatural. La felicidad no es sólo un trayecto, ni un destino ni un estado. No podemos ir anulando nuestros sentimientos ni los de los demás. La vida es una montaña rusa llena de pasiones, de cargas y descargas, de empatía y, en algunos casos, humanidad.

Cata

A veces siento que me equivoqué de planeta, al menos eso es lo que pensaba hasta que me dejé deslumbrar por un gato. Se comunicaba, era amable, me decía "amorcito", me pedía que le devolviera su corazón... era un chicle. No tuve que adaptarme a un ser encantador que me trataba amorosamente, que me ofrecía protección y atención. Poco a poco, la arena se ensució y se instauró el secretismo. Una mañana amanecí siendo su amor, y antes de que se pusiera el sol, sin toparnos en el día, no quiso saber más de mí. Regresé a mi universo paralelo.

Prefiero ser un existencialista con experiencia que un pseudointelectual reprimido.

Caco

Soy un girasol entre miles de rosas, no, eres sólo un gato. Acabas de llegar a mi vida. Te recogimos de la calle, vuelco en ti todo el amor que acabo de dejar ir. Muchas energías se mueven en torno a ti. La felicidad poco a poco regresa y con ella te vas al cielo de los gatos. Te tatúo en mi cuerpo. Los niños se sorprenden al ver que su maestro esté rayado. Hablo de ti, pero también te olvido. Debería escribir, podría mostrar mi hermosa alma. Pero tengo mucho miedo de que me vuelvan a lastimar. Mejor lastimo.

La vida después del amor

Ahora trato de seguir al sol, mientras voy limando mis espinas... Veo a lo lejos a una mujer en apariencia fuerte. No logra entender lo que le está pasando, porque ve la vida desde la persona en que cree se ha convertido. Se esconde en apariencias, se cubre de tatuajes y canas. Yo regreso al momento en que la vi por primera vez, sentada en una banca, en aparente tranquilidad, esperando el amor. No esconde su timidez. Mi eco le repite que lleva cargando un montón de duelos que no alcanza a reconocer... Aguanta, le dicen... Ella los escucha... Explotará.

Prefiero dejar el trabajo que me frustra,
a despertar con la pasión en rastra.

Nilsa María Becerril Méndez

La razón de mi silencio

Hay días que resulta insoportable cargar con ella, otros, curiosamente se convierte en refugio seguro, esos días donde pesan demasiado los años, las ilusiones, la alegría por vivir parece que se fue de pinta. Llegar a la casa, sentir su presencia silenciosa, sin embargo, imposible de ignorar. Hay momentos donde mi pecho desborda emociones. Corro a buscarla en la sala, la estancia, hasta encontrarla en mi habitación. Suelo hacer de ella poesía, aligerar su compañía con dulces melodías. Hay ausencias que duelen así transcurran muchos años, vacíos imposibles de llenar y respuestas que nunca llegan, así es mi amiga soledad.

Fuera de casa

A veces siento que me equivoqué de planeta, hay días que quisiera que no me importara lo superficial que puede ser el mundo, más bien, algunos de sus habitantes. La queja constante, la crítica y juicio, esas cosas tan de todos los días, de todos los tiempos pero que a veces siento que no forman parte de mí, en los que el silencio se convierte en mi mejor compañía, mi remanso de paz; suele ser que en esos días encuentro a alguien en mi misma sintonía, feliz hallazgo que me hace sentir de nuevo en casa, donde puedo ser yo.

Prefiero la música en el coche a sentirme "informada" de lo que pasa en el mundo.

Luz y vida

Soy un girasol entre miles de rosas, un nuevo día en la verde pradera, el rayo del sol se posa sobre mí, y su calor me hace girar buscándolo, deseando que no me deje, ni se oculte detrás de una nube. Ser un girasol tiene sus ventajas... miro a las rosas pequeñas, inquietas, perderse entre la multitud, abandonando la ilusión de sobresalir, impotentes para mostrar su original belleza. ¡Cuánto tiempo perdí deseando ser ellas! Cómo pude renegar de mis colores, de mi altura, de mi esencia si justo eso es lo que me permite florecer siendo predilecta del señor Sol.

Resignificar

Ahora trato de seguir al sol, mientras voy limando mis espinas... la pérdida de mi hermano fue la primera, un año después mi padre y hace tres, la más difícil de las pérdidas, la de mi madre. Son las más dolorosas espinas en la vida. Después de mucho tiempo de limar las puntas filosas que tanto me lastimaban y, sin embargo, hoy reconozco con humildad como mis grandes maestras las que le han dado sentido al camino elegido. Después de todo, cada una trajo un mensaje importante: mi existencia vale la pena, hasta el último suspiro haré que así sea.

Prefiero creer que Dios cuida de mí.

Prefiero a los ángeles que a las casualidades.

Yvana Garza Cantú

Una parte de mí

Hay días que resulta insoportable cargar con ella, con lo que muchos no entienden, con la parte de mí que no conocen porque no la he mostrado, con la tristeza que me atrapa y se queda como te has quedado tú. No sé si te quedes porque lo entiendas o porque no lo entiendes y en realidad yo tampoco lo hago pero, me abrazas, me escuchas, me hablas, me invitas y por momentos me encuentro acompañada en la cima de la montaña rusa hasta que recuerdo que todo lo que sube vuelve a bajar y sigo aquí, cargando con ella.

Cada quien sus zapatos

A veces siento que me equivoqué de planeta, todos los días veo que a nadie le cuesta caminar, no necesitan ayuda para ponerse los zapatos, pero solo los suyos porque los míos difícilmente se los ponen y me parece extraño porque cuando están conmigo es lo que más ven, mis zapatos. En mi planeta, ni mi cuerpo me hace caso, mis pies apuntan para donde sea y, solo cuando hay alguien prestándome su hombro, puedo destinar mi camino. En este planeta veo que pueden solos y de hecho, están solos. En mi planeta no puedo solo pero nunca lo estoy.

Prefiero reír y a veces prefiero llorar.

Prefiero ser yo.

El sol se apagó

Soy un girasol entre miles de rosas, eso me repetía mi abuelita siempre que me sentaba en la pelota para hacer los ejercicios. A diferencia de otros niños, yo era de otros colores, incluso mi físico era diferente. Para mí, mi abuelita era el sol, todos me hablaban y pareciera que no escuchaba, pero la única voz que me hacía voltear a mirar era ella, y cuando veía que la miraba, toda su cara brillaba sonriendo y entonces la mía también. Sé que hay más girasoles pero el sol no ha sido el mismo desde que yo ya no estoy.

Abrazos que liman espinas

Ahora trato de seguir el sol, mientras voy limando mis espinas después de un tiempo de sólo intentar entenderlas y de perder de vista al sol, de perderme a mí. Creo que es bueno perderse cuando es necesario, de esconderse con espinas sin dejar entrar a nadie porque sorprende que aun así, las amigas abrazan sin miedo, que el sol no está tan lejos y que, al igual que el sol, me acompaña un cielo entero. Que puedo ser sol o ser luna, en cualquier fase, completa o incompleta, mis amigas me ven y lo que ven sigue siendo luz.

Prefiero compartir experiencias.

Prefiero la montaña y a veces prefiero el mar.

Trayecto Travesía 2021

Introspección

No volvemos a ser iguales. Cada paso caminado, cada lágrima derramada, cada carcajada, cada beso, cada enojo nos va moldeando y transformando incesantemente, sin que podamos siquiera darnos cuenta. La vida corre impávida, arrastrándonos en un remolino de eventos, preocupaciones y cosas por hacer que no nos deja tiempo de mirar hacia atrás y, más importante, de mirar dentro. Pero de pronto se hizo el silencio. El mundo súbitamente paró y nos obligó a estar quietos, a escuchar, a observar. Y con lápiz en mano nos atrevimos a rebuscar en nuestras memorias, en nuestro inconsciente. Y entonces todo cobró sentido. *Alejandra Cantú Bustamante*

El camino

No volvemos a ser iguales, cada persona que se cruza en nuestro camino, cada terapia, curso, libro leído, pensamiento, cada escrito nos cambia; en cada etapa de vida somos diferentes... Ahora sé que me gusta escribir, que me fluyen las emociones de forma asombrosa, que expreso mis sentimientos, que me quedan más claros, percibo puntos de vista diferentes, me conozco más. Con la escritura terapéutica aprendo, crezco, elevo mi frecuencia; vibro diferente, me siento más creativa, más positiva, me quedan más claras mis ideas, decisiones y metas. Estoy disfrutando una herramienta nueva para mí y la emplearé por siempre. Gracias. *Liliana Robles*

Nuestras emociones en papel

No volvemos a ser iguales cuando nos atrevemos a conocernos nosotros mismos, a leer nuestras emociones en papel y compartir nuestra vulnerabilidad con el mundo, al ver nuestro reflejo en un lápiz y nuestro corazón en 100 palabras que, en realidad, en nuestra mente se multiplican y se convierten en suspiros, lágrimas, sonrisas y recuerdos. Escribir es abrazarme a mí misma, darme cuenta de lo que quiere gritar mi corazón, hacer de la inseguridad y el miedo una lucha usando el lápiz como espada y el papel como escudo. Veo todo lo que soy y lo que queda por descubrir. *Yvana Garza Cantú*

Travesía 2020

Microrrelatos encadenados 2020

Microrrelatos encadenados 2020

Microrrelatos encadenados 2020

Microrrelatos encadenados 2020

Travesía 2019

Microrrelatos encadenados 2019

Microrrelatos encadenados 2019

Microrrelatos encadenados 2019

Microrrelatos encadenados 2019

La Tinta en el Espejo

www.ingramcontent.com/pod-product-compliance
Lightning Source LLC
LaVergne TN
LVHW091327150826
845673LV00006B/1797

9786078557837